520

Merve Verlag

Armen Avanessian, Daniel Falb

Planeten Denken
Hyper-Antizipation und Biografische Tiefenzeit

Merve Verlag

Originalausgabe

Printed in Germany
Druck- und Bindearbeiten: Alfa print, Martin
Umschlagentwurf: Jochen Stankowski, Dresden
Redaktorat: Tom Lamberty, Leipzig
ISBN 978-3-96273-080-2
www.merve.de

Inhalt

EINLEITUNG

Gibt es *etwas Seltsameres*, als einen Planeten zu bewohnen?

Speziell, wenn die meisten Planeten aussehen wie Mars und Venus?

Klar nein. –

Aber gibt es überhaupt *etwas anderes* zu bewohnen als Planeten?

Nicht, dass wir wüssten. –

Ist es aber nicht auch so, dass wir *den Planeten* bisher eigentlich noch gar nicht bewohnt haben? Dass wir erst jetzt überhaupt damit beginnen es zu tun und es (hoffentlich) zunehmend tun werden?

So ist es. –

Ein Bündel an Fragen, das hinausläuft auf eine einzige, philosophische:

»Was heißt: einen Planeten bewohnen?«

Sie steht im Zentrum eines neuen Diskurses um Planetarität. Wir beobachten in den Geisteswissenschaften seit Anfang der 2020er Jahre eine regelrechte Konjunktur von Überlegungen zu Planeten. Sie betreffen vornehmlich die Erde als Planet, berühren damit aber auch das, was Planeten generell eigen und ihnen zugehörig ist (das ›Planetarische‹) bzw. dasjenige, was von ihnen bewirkt wird oder in irgendeiner Form mit ihnen verknüpft ist (›Planetarität‹, d. h. der Planet als Prinzip und Wirkungsquelle).

Die Formate, in denen die Überlegungen entwickelt werden, umfassen akademische Publikationen und Bücher (die Buchreihe

Planetarities, 2022-) ebenso wie Konferenzen (»Becoming Planetary as a Challenge«[1], 2022), Kolloquien und andere Lehrformate (»Alien Earth: Introduction to Planetary Humanities«[2], 2022), Postgraduierten Programme und para-universitäre Inkubatoren (Digital Earth, 2018-22, The Terraforming, 2020-21; More-than-Planet-Lab, 2022-; Antikythera, 2023-[3]) sowie kulturelle Veranstaltungen (»Where is the Planetary? A Gathering«, 2022). All diese Aktivitäten dokumentieren im Entstehen begriffene *Planetary Humanities*, über deren Umriss sich die Diskursteilnehmerinnen auch zunehmend systematischer Gedanken machen (»Conceptualizing Planetary Humanities«[4], 2022).

Ein Anlass und Fokus des neuen Diskurses um das Planetarische sind, wenig überraschend, die radikalen Effekte, die die Präsenz der intelligenten Zivilisation von *Homo sapiens* auf den Planet Erde ausübt. Die Aktivierung der ›Planeten‹-Semantik verdankt sich hier dem Umstand, dass ältere Begriffe und Analysekategorien wie Globus, Globalität und Globalisierung mit ihrer Konzentration auf menschliche Handlungsträgerschaften und historische Zeiträume als zunehmend unzureichend empfunden werden, eine erdumspannende Geschichte der Gegenwart zu beschreiben, die nichtmenschliche Akteure und Materialien – Handlungsträger von anderer Größenordnung und Ontologie als Menschen – einbezieht und in der sich die Erde nicht mehr nur politisch und ökonomisch, und nicht einmal bloß ökologisch, sondern auch geologisch transformiert.[5] Das *International Geosphere-Biosphere Programme* hat diese Transformationen in einem Bericht (2004) erfasst und konstatiert den exponentiellen Anstieg des menschlichen Fußabdrucks auf der Erde seit 1950[6]

– ein Vorgang, der seitdem als Große Beschleunigung (*Great Acceleration*) bezeichnet wird.[7]

Insofern emergiert der Planetaritätsdiskurs grundsätzlich aus demselben Problemhorizont – und wird übrigens oftmals von denselben Protagonistïnnen getragen – wie die inzwischen in die Jahre gekommene Diskussion um das sogenannte Anthropozän (formalgeologisch ist sie durch die Nominierung des kanadischen Crawfordsees als Golden Spike abgeschlossen): die Vorstellung, die Erde sei heute in ein neues geologisches Zeitalter eingetreten, das durch besagte Wirkung des *Homo sapiens* definiert ist. Der Gegenstand jedoch, den man mit dem Begriff Anthropozän beschreibt, ist eben der Planet: dies ist der grundlegende Term. Insofern ist es hilfreich, dass die Geisteswissenschaft sich ihm jetzt verstärkt zuwendet – und es somit auch ermöglicht, einige Idiosynkrasien des Begriffs Anthropozän zu überwinden, die mit dessen Verankerung in der Spezialwissenschaft der historischen Geologie verbunden waren.

Zugleich hat der junge Diskurs ums Planetarische bereits seine eigenen Idiosynkrasien entwickelt, die sich aus der Vielstimmigkeit – in gewissem Maße auch: Zufälligkeit – der in ihm zusammenlaufenden Theoriestränge sowie der Abwesenheit eines konzeptuellen Gravitationszentrums erklären.

Wir denken, dass dieses Gravitationszentrum eine philosophische Lektüre *der Astrobiologie* sein muss – der jungen Wissenschaft, die das Leben auf der Erde als bloß *einen* Beispielfall von Leben im Universum begreift und als verallgemeinerte Lebenswissenschaft über Entstehungsbedingungen sowie evolutionäre Verläufe von Leben auf habitablen Planeten nachdenkt.

Denn eine Selbstbeschreibung der Gegenwart in astrobiologischen Begriffen fehlt bislang in den Einlassungen zum Planetarischen aus dem Bereich der Geisteswissenschaften oder *Humanities*. In diese Lücke zielt dieses Buch mit seiner astrobiologisch informierten naturphilosophischen Neubeschreibung der Gegenwart.

Planetendiskurs

Doch worum geht es in dem neuen Diskurs – wie wird dort über Planeten nachgedacht?

Wir unterscheiden zwei Linien:

Zum einen bezieht sich das Denken des Planetarischen auf das *Erdsystem*, d. h. auf den Fluss von Energie und Materie durch die Biosphäre, Atmosphäre, Hydrosphäre und Lithosphäre des Planeten und ihre systematische Verkettung in biogeochemischen Zyklen (vgl. S. 76f.). Das ist eine Dimension der Erde – ihre Grundarchitektur, die sie als integriertes Ganzes wechselwirkender Komponenten kenntlich werden lässt –, in die menschliches Handeln überhaupt erst heute nennenswert eingreift.

Dabei wird die Begegnung mit dem so verstandenen Planetarischen von seinen Theoretikerïnnen als Begegnung mit einer *Andersheit* gedeutet, die den Innenraum rein menschlicher Angelegenheiten und Geschichten durchkreuzt. Für den Historiker und postkolonialen Theoretiker Dipesh Chakrabarty, Autor des Schlüsselwerks *The Climate of History in a Planetary Age* (2021), ist das eine Seinsdimension – »das Erdsystem bzw. [...] das [...], was ich ›den Planeten‹ genannt habe.«[8] –, die in ihrer langwierigen Zyklizität eine ganz andere Zeitlichkeit aufweist als menschliche Biografien und Politiken. Als Produkt der tiefen Geschichte der Erde verknüpft sie uns mit geologischer Zeit, sobald wir in sie eingreifen:

> Letzten Endes geht es beim Planetarischen darum, wie einige sehr langfristige planetarische Prozesse, in die Lebewesen und Nichtlebewesen eingebunden sind, die Möglichkeitsbedingungen für menschliche Existenz und menschliches Gedeihen bereitgestellt haben und immer noch bereitstellen.[9]

Nach Chakrabarty wird uns das Planetarische, sobald wir ihm begegnen, schockartig als etwas Fremdes und Andersartiges bewusst:

> Dieser Sturz in die ›Tiefenhistorie‹ ist mit einem leichten Schock verbunden, wenn man die Andersartigkeit des Planeten und seiner sehr großformatigen räumlichen und zeitlichen Prozesse erkennt, von denen die Menschen unfreiwillig ein Teil geworden sind.[10]
>
> Angesichts der radikalen Andersheit des Planeten verspüren viele Wissenschaftlerïnnen ein tiefes phänomenologisches Bedürfnis, sich auf die menschlich-historische Zeit der Gegenwart zu beschränken und den Planeten als zutiefst menschliches Anliegen zu betrachten.[11]

Andersheit ist demnach vor allem temporal bestimmt – die Eigenzeitlichkeit des Planeten (= geologische Zeit) und die Zeitlichkeit von menschlichem Handeln und Geschichtlichkeit divergieren immer schon auf fundamentale Weise.[12] Dadurch entzieht sich der Planet jedoch zugleich dem Horizont menschlicher Kategorien und Wertungen, d. h. er markiert auch ein ethisch-politisches Außen: »[D]as Planetarische als solches, das gewaltige Prozesse von unmenschlicher Größenordnung erschließt, kann nicht unter Rückgriff auf irgendeine ideale Form erfasst werden.«[13]

Das Motiv der radikalen Andersheit begleitet den (jüngeren[14]) Diskurs des Planetarischen interessanterweise von Beginn an. Noch außerhalb des erdsystemtheoretischen Kontexts formuliert die Literaturwissenschaftlerin Gayatri Spivak in den frühen 2000er Jahren: »The planet is in the species of alterity, belonging to another system; and yet we inhabit it, on loan.«[15] Dabei ist der Planet nicht einfach *unser* Anderes; er ist, absolut unabgeleitet, ein schlechthin Anderes.[16] Hiervon ausgehend interessiert sich Spivak für Effekte der Defamiliarisierung und Unheimlichkeit oder Unheimeligkeit, die das Denken des Planetarischen in der (postkolonialen) Literatur hervorrufen könne und die für sie mit Blick auf neue Begründungsfiguren einer vergleichenden Literaturwissenschaft von Bedeutung ist. In einem jüngeren Interview wiederum bringt sie ihr Planetaritätsdenken in merkliche Resonanz mit dem Szenario Chakrabartys:

> The planet gives a damn. It is so other that it does not consolidate ourselves by being »our« other. When I talk about »planetarity« we cannot think the planet; that is what it means to say that the

> planet is in the species of alterity. It is in the rules of the galaxy and the planetary system and we cannot touch it. The planet has gone extinct before not because human beings did anything. Thinking planetarity can show us our limits.[17]

Ein entsprechendes Indifferenzpostulat – »... planet gives a damn ...« – findet sich in anderer Formulierung auch bei Chakrabarty.[18] Der Philosoph Lukáš Likavčan macht es im Rahmen eines Forschungsprojekts des Philosophen und Designtheoretikers Benjamin Bratton in einem Überblickstext zum geisteswissenschaftlichen Planetaritätsdiskurs (*Introduction to Comparative Planetology*, 2019) dann zum Dreh- und Angelpunkt einer Position, die ausgehend von der Andersheit des Planeten auf die Dezentrierung und Dezentralisierung der auf ihm lebenden *Homo sapiens* Zivilisation zielt:

> The central figure of comparative planetology is that of the *Planetary* – the cosmogram that presents Earth as an impersonal, geophysical process in which humans play the role of temporary mediators. This figure is informed by contemporary ecology and climate science.[19]

Die Idee, dass Menschen die Erdsystemprozesse bloß ›vorübergehend mediatisieren‹ – d. h. die Energie- und Materie des Erdsystems in ihre Gesellschaften umlenken und dort eine Zeitlang binden, bevor ihre Spezies wieder von der Erde verschwindet – impliziert, dass das Ereignis der Emergenz einer intelligenten Zivilisation einem Planeten und seiner Geschichte *im Grunde nichts Neues oder gar Wesentliches hinzufügt*, d. h. die Zivilisation dem Planeten oberflächlich und äußerlich bleibt. Einem Planeten, den Likavčan wie Chakrabarty als in geologischer Tiefenzeit operierend,[20] und wie Spivak (indem sie von scheinbar zeitlosen »rules of the galaxy and the planetary system« spricht) mehr oder weniger immer sein (gleiches) Ding machend vorstellt:

> There were eons of geological processes that did well without the help of this [= the human] species, and they will surely do well too after humanity's extinction.[21]

Insofern ist es nur konsequent, wenn sich hieraus in der Folge ein *Inbegriff* des Planeten als von Menschen unbevölkert ergibt. Wer das Planetarische verstehen will, sollte demnach auf die Erde nach dem Ende oder (wie im folgenden Zitat) vor der Entstehung der Menschheit fokussieren:

> Earth-without-us is a figure that always already precedes and manipulates the human, and in doing so, moves us away from the idea of the human as the principle that constitutes the planet being the way it is.[22]

> [This figure] instructs us to think about the planet as existing always and fundamentally without us.[23]

Wir fragen uns jedoch, welchen Sinn es ergibt, den Planeten philosophisch durch die Linse seines von Menschen Unbevölkertseins zu betrachten, und zwar ausgerechnet in eine Moment, in dem eine Rekordzahl von 8 Milliarden Menschen auf ihm präsent ist?

Gerade wo Menschen kollektiv begonnen haben, in die bisher unangetastete Architektur des Erdsystems selbst so massiv einzugreifen, dass dieses in ein neues geologisches Zeitalter katapultiert wird, ist das Diktum einer ›Fremdheit‹ des Planeten mit einem Fragezeichen zu versehen.

Auch dass das Erdsystem gegenüber ethischen oder politischen Wertungen und Kategorien immun sein soll, leuchtet kaum ein, wenn Menschen in seine Verformung (Klimaerwärmung, Landnutzungsmuster, Extraktivismus) in obszön ungleicher Weise eingebunden und von deren Kosten bzw. negativen Konsequenzen ebenso ungleich betroffen sind.

Und stimmt es überhaupt – das war ja der Ansatzpunkt Chakrabartys –, dass die einzige Zeitlichkeit, die *dem Planeten selbst* zukommt, die unendlich langsame, geologische ist?

Ist das naturphilosophisch haltbar?

Wir sind uns da nicht sicher.

Noch problematischer wird all dies womöglich vor dem Hintergrund der Beobachtung, dass es ja nichts anderes als *dieses Erdsystem* ist, das schlussendlich die Menschen hervorgebracht hat, die es nunmehr verformen: in welchem stichhaltigen Sinne also könnte es ihnen ontologisch fremd sein?

Sind erdähnliche Planeten nicht genau die Orte im Universum – und vielleicht die einzigen –, die geradezu *bereit sind* für die Intervention der intelligenten Zivilisationen, die sie erzeugt haben? –

Eine zweite Diskurslinie im neuen Denken des Planetarischen verläuft entlang der Frage, wie wir die Erde überhaupt *als* Planeten wahrnehmen können und wie seine Wahrnehmung unser Handeln auf ihm und mit Bezug auf ihn kollektiv und individuell anleitet bzw. anleiten könnte oder sollte.

Diese Wahrnehmungsfrage erschöpft sich nicht in der astronomischen Erkenntnis der Erde als Himmelskörper im Sonnensystem und der Milchstraße und ihrer Entstehung (zuerst in Kants und Laplaces Nebularhypothese über die Entstehung der Planeten aus einem Urnebel); auch nicht in der wachsenden Erkenntnis der tiefen Erdgeschichte und der Abfolge der geologischen Zeitalter oder der biologischen Evolution als Prinzip der bisherigen Naturgeschichte. Ebenso reicht es nicht, über ein dumpfes Bewusstsein über die Fragilität unserer an diesen Planeten gebundene Existenz, und also die Angewiesenheit unserer Spezies auf den Planeten Erde zu verfügen. (Ja, wie wir sehen werden, verweist schon der diesbezüglich einschlägige Slogan *there is no planet B* auf ein grundlegendes Missverständnis.) Vielmehr geht es darum, das Erdsystem in seinen Komponenten (Klimasystem, biogeochemische Zyklen, Biodiversität etc.) tatsächlich wahrnehmbar und verstehbar zu machen – inklusive der Verflochtenheit und Einwirkung von Leben als Teil dieses planetarischen Ganzen. Die Bildung eines empirisch bzw. quantitativ fundierten Begriffs des Planeten als System jedoch hängt vom Vorhandensein planetarischer Infrastrukturen und Apparaturen des Wissens ab – mit einem Begriff Benjamin Brattons: von »planetary-scale computation« (erdumspannenden Datenverarbeitungs- und Berechnungsprozessen).

Die Erde ist heute überzogen von einem Netz von Sensoren wie Wetterstationen, Satelliten, Forschungsstationen, etc., deren riesige Datenmengen in aufwändige Computermodelle des Klima- und Erdsystems eingespeist werden. Bratton inszeniert die Emergenz dieser Sensorik und Berechnung als eine Art Naturerscheinung, die sich uns in einem *fast forward* abgespielten Film durch die Erdgeschichte wie folgt darstellt:

> In the very last moments of the movie [...] you would also see something unusual: the sprouting of clouds of satellites, and the wrapping of the land and seas with wires made of metal and glass. You would see the sudden appearance of an intricate artificial planetary crust capable of tremendous feats of communication and calculation, enabling planetary self-awareness – indeed, planetary sapience.[24]

Die erdumspannende Sensorik ermöglicht demzufolge eine planetarische Bewusstheit und Selbstwahrnehmung, ja Weisheit. Für Bratton bildet sie die Grundlage jeder gelingenden Governance des Erdsystems:

> I call this *terraforming* – not of another planet, but of our own. It is a deliberate, practical, political and programmatic project to conceive and compose a viable planetarity based on the secular disenchantment of Earth through the ongoing artificialization of intelligence and the emergence of a general sapience that conjoins human and nonhuman cognition.[25]

Dieselbe Grundidee findet sich in einem Text, den der Soziologe Bruno Latour mit dem Erdsystemtheoretiker Tim Lenton unter der Bezeichnung *Gaia 2.0.* verfasst hat. James Lovelock und Lynn Margulis hatten den von Beginn an vieldiskutierten und heute meist mit Skepsis betrachteten Gaia-Begriff in den Anfangsjahren der Erdsystemtheorie ins Spiel gebracht für nichtmenschliche, daher bewusstlose und non-antizipative Selbstregulationsprozesse zugunsten einer langfristigen Erhaltung von Habitabilität.[26] Latour und Lenton wünschen sich aber, ein entsprechender Gaia-Mechanismus »2.0« möge im 21. Jahrhundert als menschengemachtes Governanceprojekt wirklich werden:

> Creating an infrastructure of sensors that allows tracking the lag time between environmental changes and reactions of societies is the only practical way in which we can hope to add some self-awareness to Gaia's self-regulation.[27]

Auf der anderen Seite beobachten wir, dass Planet und Planetarität – innerhalb derselben Diskurslinie – immer wieder auch genau gegen solche Formen der Repräsentierbarkeit in Stellung gebracht werden.

Ausgangspunkt hiervon ist eine vielfach und oben bereits teilweise zitierte Stelle im Text Spivaks:

> The globe is on our computers. No one lives there. It allows us to think that we can aim to control it. The planet is in the species of alterity, belonging to another system; and yet we inhabit it, on loan.[28]

Damit suggeriert Spivak eine Differenz zwischen dem *Globus* als kartografischer Repräsentation, die einerseits, von Menschen und anderen Lebewesen scheinbar unbewohnt, die Erde als einen (kolonial, imperial oder kapitalistisch) beliebig dominierbaren Raum entwerfe, und andererseits dem *Planet* als eines nicht repräsentierten, sondern wirklichen und wirklich – wenn auch bloß auf Leihbasis – bewohnten Objekts, das sich deswegen auch Kontrollfantasien stärker entziehen soll.

Die Unterscheidung von Globus/Globalisierung einerseits und Planet/Planetarität andererseits begegnete uns schon ganz am Anfang einmal – allerdings unter dem Gesichtspunkt der in ihnen je implizierten Akteurstypen und Wirkungstiefen. Spivak geht es an dieser Stelle um etwas anderes: »dis-locating a position that only seeks to control by digital quantification«.[29] Das ist nicht speziell mit Blick auf die Sensorik und Berechnung des Erdsystems formuliert, lässt sich aber hierauf beziehen. Genau das tut die Medien- und Kulturwissenschaftlerin Jennifer Gabrys in ihrer Kritik Brattons. Sie problematisiert speziell eine ganzheitliche – totalisierende – Repräsentation der Erde, einen »total view«, der schon den Globus kennzeichnete und nun auf den Planeten angewendet werden soll:[30]

> Technology – especially computational technology – is analyzed as something on the ›scale‹ of the planetary. Technology is seen to overrun and command the planetary. The planetary is discussed as a figure of massiveness. Its invocation suggests total dominion: the rolling out of behemoth systems that hold the planet and all of its entities in a space of complete capture.

> This total view of Earth has an even longer history within modes of control and colonialism.[31]

Spivaks Impuls folgend geht es für Gabrys in der Konsequenz dann darum, die Figur des Planeten gegen den Globus in Stellung zu bringen *zum Zweck der Abwehr der Gewalt*, die mit Kartografie und Satellitentechnologie als Machttechniken historisch und gegenwärtig verknüpft gewesen war und ist:

> The planetary can be a different figure for undoing the totality of globes and globality. Rather than bringing the Earth into view as a total object [...], the planetary remains that which cannot be fixed or settled. The planetary resists representation.[32]

Das erinnert ein wenig an Chakrabartys Diktum, der Planet entziehe sich a priori humanistischen und menschlichen Wertungskategorien. Wiederum fragen wir uns, wie, genau, der Planet sich seiner Repräsentation entziehen soll, wenn er doch heute offensichtlich laufend – und auch als erdsystemische Totalität – repräsentiert und vermessen wird? Oder formuliert Gabrys mehr ein Sollen als ein Sein?[33]

Dass Brattons grandiose Vision planetarischer »Weisheit« durch Erdsensorik vor allem dort problematisch ist, wo sie die konkreten Akteure hinter den Datensammlungen und Computermodellierungen nicht ausreichend beleuchtet und deren (intendierte oder unintendierte) Machteffekte überspringt, leuchtet ein. Überhaupt ist der Begriff des Planetarischen, als Raumbegriff verwendet – d. h. als ein synonym zu ›erdumspannend‹ (wie in:

»planetary-scale computation«) – notorisch unpräzise, weil er die Spezifik räumlicher Konfigurationen nicht erfasst; etwa die Verortung und geopolitischen Affiliationen der zumeist im globalen Norden angesiedelten Einrichtungen, in denen heute Klima- und Erdsystemwissenschaft betrieben wird.

Umgekehrt lassen sich diese Aktivitäten nicht einfach wegwünschen, sondern wären als Feld widerstreitender Interessen zu analysieren, und es bleibt unklar, wie etwa Klimaaktivist'innen überhaupt ohne einen holistischen (also »totalisierenden«) Blick auf das Klima- bzw. Erdsystem auskommen würden.

Denn begegnet, wer das Erdsystem aus den Augen verliert, überhaupt noch dem Planeten?

Und darüber hinaus oder wieder zu unserer Anfangsfrage zurück: Was heißt es denn nun, einen Planeten zu bewohnen?

Astrobiologische Intervention

Wir halten das zeitgenössische Denken des Planetarischen für sehr produktiv; zugleich ist augenfällig, dass die genannten Ansätze relativ disparat bleiben.

Wie gehören sie zusammen und was verbindet sie? Wir meinen, dass die Astrobiologie ihr (noch weitgehend unentdecktes) konzeptuelles Gravitationszentrum ist oder werden müsste. Genaugenommen: eine astrobiologisch informierte Naturphilosophie – etwas, das es bislang so gut wie nicht gibt. Unsere These lautet, dass der Begriff des Planetarischen in einer *astrobiologischen Beschreibung unserer selbst* (in dieser Gegenwart) seinen eigentlichen Ort hat, d. h. erst in diesem Kontext seine innere Konsistenz und ideengeschichtliche Produktivität beweist. Aus Lektüren astrobiologischer Schlüsseltexte ziehen wir die philosophische Konsequenz, dass intelligente Zivilisationen eine seltene aber ›ontologisch reguläre‹ Eigenschaft erdähnlicher Planeten sein müssen. Diese Konsequenz gehört zur »Einübung ins planetarische Denken« (Gotthard Günther[34]) ebenso wie die Erkenntnis, dass niemand als die Planeten selbst (als Hervorbringende solcher Zivilisationen) die letztendlichen Subjekte des Denkens sind – daher auch die doppelte Lesbarkeit unseres Titels *Planeten Denken*. Solche Überlegungen sind für uns ein Schlüssel, mittels dessen viele der konzeptuellen Unklarheiten, Ungelöstheiten und Leerstellen im noch jungen Diskurs um das Planetarische transparent und dann produktiv neu zu diskutieren sein werden.

Mit diesem Ansatz greifen wir einen Impuls des Humangeografen Bronislav Szerszynski auf:

> [The] discussion about the technosphere and the Earth's possible current geological transition needs to be expanded; it is only by situating the Earth's particular trajectory of development within a wider [astrobiological] ›phase space‹ of possible such trajectories, both real and imagined, that we can hope fully to understand what is occurring on the Earth.[35]

Ähnliche Formulierungen finden sich punktuell auch bei Bratton:

> [A]fter several visits and flybys, from Europa to Pluto, and long-term robot inhabitants on Mars, debating »planetarity« should

> also be seen as the subject matter of a more general inquiry of comparative planetology.[36]

Andererseits steckt in unserem Ansatz ein Einspruch gegen Latours Position, dass die astrobiologische Prämisse, der zufolge es sich bei Erde bloß um *einen* von unzähligen habitablen Planeten im Universum handele, einen noch von Galilei herrührenden – objektivierenden, verdinglichenden – Naturbegriff perpetuiere.[37]

Das stimmt so nicht. Im Gegenteil steckt in der Astrobiologie nicht weniger als das Potenzial einer naturphilosophischen Revolution. Statt, wie Latour unterstellt, die Erde von außen zu betrachten, verweist die Astrobiologie, wie wir sehen werden, auf die immanente Konstruktion und Navigation ihrer Zukunft.

Dabei zeigt sich die Zugehörigkeit des Planetarischen zur Astrobiologie allein wissenschaftshistorisch daran, dass das Planetarische – im Sinne der Erkenntnis von Planeten als *Systemen* aus lebendigen und nichtlebendigen Komponenten, die sich gegenseitig durchdringen und formen – seinen Ursprung in der Suche nach Extraterrestrischem Leben (*Search for Extra-Terrestrial Intelligence*, kurz SETI[38]) seit den 1960er Jahren hat, d. h. in den Vorläufern des sich entwickelnden astrobiologischen Denkens als Wissenschaft:

> Letzten Endes haben uns nichts anderes als die aus dem Kalten Krieg stammende Technologie zur Weltraumerkundung und die zunehmende Aufrüstung der Atmosphäre und des Weltraums den Gaia-Moment bewusst gemacht.[39]

Insofern ist es vielleicht auch kein Zufall, dass die Klima- und Biodiversitätskrise heute regelmäßig – wenn auch selten expressis verbis – in astrobiologischer Terminologie beschrieben wird, genauer: in Begriffen der Habitabilität und des Habitabilitätsverlusts der Erde (etwa bei Achille Mbembe oder David Wallace-Wells[40]). Umso merkwürdiger das Desinteresse der im Entstehen begriffenen *Planetary Humanities* für jene Ansätze und naturwissenschaftlichen Disziplinen, in deren Untersuchungsbereich Planeten eigentlich traditionell fallen. Selbst dort, wo Planeten oder Planetarität nicht bloß Metaphern für alternative Beschreibungen unserer sozialen und zivilisatorischen Existenz abgeben, spielen die teilweise spektakulären, ja bahnbrechenden Entwicklungen in der Astronomie und Astrobiologie der letzten Jahrzehnte nahezu keine Rolle.

Gerade letztere aber, so unsere (natur-)philosophische Überzeugung, bietet entscheidende Einsichten zum besseren Verständnis der ko-evolutionären Entwicklung von Planeten und den auf ihnen zu verschiedenen Zeitpunkten anzutreffenden (basalen oder komplexen) Lebensformen. Das betrifft bei Weitem nicht erst die intelligente Zivilisation von *Homo sapiens* und ihren *impact* auf die Planetenevolution – gerade im sogenannten Anthropozän –, sondern gilt spätestens mit der Stabilisierung der Planetentemperaturen durch eukaryotische Zellen. Und es ist verbunden mit einem genuin astro-*biologischen* Neuverständnis von *Origin and Nature of Life on Earth*, so ein Buchtitel von Eric Smith und Harold Morowitz: »that life emerged early and has persisted robustly because the origin of life was actually a transition away from a less stable planetary condition devoid of life, and into a more stable condition that includes a biosphere.«[41]

Somit liegt der astrobiologische Beitrag der letzten Jahrzehnte bereits in der Konsolidierung ihres Untersuchungsgegenstands als solchem, nämlich der Untersuchung von Leben auf einer Pluralität an Planeten (sowie den damit verbunden gänzlich neuen Ansätzen zum Verständnis – nicht nur des Entstehens – von Leben). Vor allem aber ist mit diesem Fokus auf Planeten im Plural die Einsicht in die Veränderlichkeit und generelle Temporalität von Planeten verbunden:

> [W]e have a conception of our planet in the present day: dominated by oceans, a green and blue place, and our place. But as we go back in time and forward in time, we find that the Earth was and absolutely will be a place very different from the planet we now call home. Earthlike is really a time as well as a »place« definition, it turns out.[42]

Habitable Planeten sind keine inerten Materieklumpen. In unseren Analysen betrachten wir sie deshalb weniger als ausgedehnte Objekte (was sie auch sind) denn als zeitliche Phänomene. Analog ist Natur weniger als Bestand von Dingen zu verstehen, denn als Prozess der Entfaltung eines Möglichkeitsraums. Habitable Planeten sind Figuren in der Zeit, die, wenn sie tatsächlich Leben entwickeln, eine Reihe evolutionärer Transitionen (*Major Evolutionary Transitions*) durchlaufen; die Vielfalt solcher Trajektorien, ihre Bedingungen und Modalitäten bilden den Gegenstand dessen, was wir das *Allgemeine Planetenmodell der Astrobiologie* nennen werden.

Bereits frühere, an die Beschäftigung mit den Gestirnen gebundene Neuorganisationen des Informations- und Wissensraumes waren an medientechnologische Verschiebungen gekoppelt – mit entsprechenden Irritationen des gewohnten Raum- und Zeitverständnisses. Das gilt von Alexander von Humboldts *Kosmos*-Vorträgen (1827/28) mit ihrem Hinweis auf Asynchronie – »[d]er Anblick des gestirnten Himmels bietet Ungleichzeitiges dar« – bis hin zu der in den letzten Jahrzehnten durch Satelliten forcierten Selbstreflexion der Erde.[43]

Erst heute aber werden Planeten als konstitutiv zeitliche Figuren lesbar, wofür *Planeten Denken* einen neuen naturphilosophischen Rahmen schaffen will, der sich auf das rezente Wissen über die potenziell unendliche Reihe an (Exo-)Planeten im Universum stützt, um dessen Konsequenzen auszuarbeiten. Die Betrachtung der Erde im Lichte neuer astrobiologischer und -philosophischer Konzepte führt uns zu einer neuen Naturphilosophie, die ›Natur‹ nicht vor allem phänomenal (als separaten Wirklichkeitsbereich mit bestimmten Eigenschaften), sondern funktional begreift: als Erforschung des Möglichkeitsraums der Erde durch evolutionäre und andere ›natur‹-geschichtliche Prozesse. Dieser Ansatz ermöglicht es, das Leben im Allgemeinen und Intelligenz im Besonderen als Triebkräfte der Naturgeschichte zu verstehen, und menschliche Gesellschaften, Städte und technologische Systeme als neue natürliche Phänomene auf dem Planeten zu erkennen (statt sie bloß unscharf als Kennzeichen eines neuen anthropozänen Erdzeitalters zu verstehen). Planetarisch denken meint den Kollaps der etablierten Trennung einer Geosphäre, Biosphäre und Technosphäre zu erfahren und theoretisch einzuholen. Das folgt aus der astrobiologischen Evidenz, wonach die menschliche Weltbevölkerung in demselben Sinne Planeteneigenschaft ist wie der Rest der Biosphäre, mit der sie untrennbar verknüpft ist.

Nicht nur die – für die Kulturwissenschaften historisch konstitutive – Unterscheidung von Kultur und Natur ist somit unhaltbar. Aus astrobiologischer Perspektive erkennen wir die Weltbevölkerung und ihre Kulturgeschichte(n) mitsamt technologischer Dynamiken geradezu als den *Hauptschauplatz* des naturgeschichtlichen Prozesses der Erde – nicht erst in Gegenwart und Zukunft:

> The creation of intelligent life and civilization has produced a fundamentally different planetary system than existed ten thousand years ago. One could argue that the potential for planetary change is almost as great as that caused by origin of life or the rise of oxygen. [44]

Planetarisch denken und leben lernen ist für uns insofern verbunden mit der Einsicht, dass sich Leben immer nur durch einen Prozess des Co-Engineerings mit einem sich ständig verändernden, von ihm selbst mitgeschaffenen Planeten entwickelt hat. Das gilt von der mikrobakteriellen Erfindung der Photosynthese – deren Produktion des giftigen Sauerstoffgases zur sogenannten Großen Sauerstoffkatastrophe sowie zu mehreren Snowball Earth Episoden einer eingefrorenen Erde führte – bis hin zu hoffentlich weiteren zukünftigen Evolutionsstufen von komplexem Leben.

So wird in Umrissen kenntlich, wie die astrobiologische Serialisierung und Temporalisierung der Erde das in Teilen des Planetaritätsdiskurses gezeichnete Bild des Planeten als fremd und statisch – und, entsprechend, der intelligenten Zivilisation als ihm und seiner Natur äußerlich und zufällig – in fundamentaler Weise revidiert. Alle vermeintlichen Konstanten mit Blick auf ›Natur‹ oder ihren Nachfolgern ›Umwelt‹ und ›Klima‹ erweisen sich vor diesem Hintergrund als Symptome einer naturhistorischen wie naturphilosophischen Kurzsichtigkeit.[45]

Hyper-Antizipation

Erst im Wissen um die Veränderungen des Planeten sind die Voraussetzungen dafür gegeben, bewusst auf einem Planeten zu leben, nicht bloß irgendwo auf der Erdoberfläche. Offensichtlich haben Menschen nie woanders als auf der Erde gewohnt. In einem qualifizierten Sinne, d. h. *als* Planeten, bewohnen wir diesen Planeten aber nur in dem Maße, in dem wir als biologische Wesen, welche die geologische wie technologische Fundierung ihrer Existenz begreifen, die neuen *geopolitischen* und *geopsychologischen* Spielfelder der Gegenwart überhaupt zu erkennen und dann zu gestalten lernen.

Ausgangspunkt dafür ist für uns die radikale Umakzentuierung, welche die philosophische Aneignung der Astrobiologie ins bisherige Denken des Planetarischen insgesamt einführt: die Umstellung des Planetarischen von einem Raumbegriff (›erdumspannend‹ ...) zu einem Zeitbegriff (der Planet ist sein Werden, temporale Signatur).

So schaffen die in der planetarischen Technosphäre verfertigten Computermodelle des Erdsystems – das mathematische Modell des Klimas, der Bevölkerungsdynamik, der wirtschaftlichen Aktivitäten usw. – einen stark erweiterten Zeithorizont für unsere Gesellschaften. Dieser Punkt wird leicht übersehen. Doch allen diesen Modellen ist eine Zeitdimension gemeinsam: das Modellieren des Planeten gestaltet sich als Modellieren seiner Zukunft. Die *planetary computation* macht uns die Zukunft des Planeten als Handlungsraum transparenter. Wir betrachten die in Medien, Politik und Wirtschaft allgegenwärtigen modellbasierten Projektionen für 2030, 2050, 2100 als Indikator für die Entstehung eines neuen Dispositivs von Gouvernementalität. Das ist das Dispositiv der Hyper-Antizipation.

Hyper-Antizipation lässt sich verstehen als neues politisches Instrumentarium, das uns zunehmend in die Lage versetzt, den künftigen Verlauf der Naturgeschichte der Erde kollektiv zu navigieren – einer ›Umwelt‹ oder eines ›Klimas‹ wohlgemerkt, die ihren Charakter maßgeblich verändert haben. Medientheoretisch formuliert wird »Berechnung« mehr und mehr »zu unserer Umwelt«.[46] Zugleich ist Hyper-Antizipation ein neuer Kampfplatz um die Frage, wer dieses Zukunftswissen produziert, kontrolliert, und davon profitiert – und wer nicht: welche Planeten-Zukunft soll zu wessen Gunsten wirklich werden? Statt sich in einem Scheinkonflikt zwischen einer bloß angenommenen planetarischen ›Weisheit‹ und einer ebenso bloß angenommenen Unrepräsentierbarkeit des Planeten aufzureiben, gehört eine politische Analyse dieses Dispositivs zu den großen (kommenden philosophischen) Aufgaben des Denkens von Planetarität.

Die durch die astrobiologische Intervention sichtbar gemachte Temporalität der planetarischen Gegebenheiten hat weitere, bisher nicht thematisierte Konsequenzen für unser psychologisches Selbstverständnis als zeitliche Wesen. Dieser Gedanke steht im Mittelpunkt des zweiten Teils des Buches, der die Form eines philosophischen Dialogs annimmt.

Hier ist die naturphilosophische Fortschreibung der Astrobiologie als Wissenschaft für uns der Schlüssel, die Begriffswelten und Wirklichkeitsgehalte der Planetarität – und deren intrinsisches Zu-Groß-Sein *vis-à-vis* einzelner Beobachterïnnen und Lebewesen – in die Größenordnung unserer situierten Leben zu bringen, d. h. Planetarität als Prinzip *in* unserem Leben sichtbar zu machen und darüber auch ein neues Selbstverhältnis ›im Planetarischen‹ zu gewinnen. Üblicherweise geschieht das skalenmäßige Runterbrechen (Downscaling) von Makro-Objekten auf einen uns verträglichen und verständlichen Meso-Bereich – die Dimension des einzelnen Lebens – durch einen Zug ins Lokale: man zieht sich aus der Größenordnung des Planeten zurück (siehe Gabrys *Citizen Sensing*-Projekte). Für uns hingegen erfolgt das Downscaling durch eine empirisch beobachtete *Synchronisation von naturgeschichtlicher und biografischer Zeit* einerseits und ein *antizipatives Ausmappen der biografischen Zeit* durch die Erdsystemmodelle andererseits.

Ohne dass dies ihre wesentliche Absicht wäre, beleuchten Wirtschaftsprognosen für 2050 oder Simulationen der Bevölkerungsentwicklung bis 2070 nämlich den biografischen Raum mit, der sich vor den Beobachterïnnen entfaltet, indem sie älter werden. Unserer Analyse zufolge sind mit solchen Projektionen konkrete Subjektivierungseffekte verbunden – sie erzeugen ein neuartiges Gefühl für biografische Ganzheit oder Endlichkeit. Dabei ist die Konzentration auf den zeitlichen Rahmen der Biografie – die Singularität auch nur unserer eigenen Lebensläufe, die 1973 bzw. 1977 beginnen – für uns eine Möglichkeit, die existenzielle Aufladung dessen zu analysieren, was es bedeutet, das planetarische Heute zu bewohnen, das im Zeitalter der Hyper-Antizipation zumal von tiefenzeitlichen Spuren aus Vergangenheit *und* Zukunft gezeichnet ist.

Das Tempo der Naturgeschichte schreibt sich heute zunehmend auch auf der Skala der biografischen Zeit ein: Die morphologischen Entwicklungen der Computertechnologie, der gentechnisch veränderten Organismen, der Energietechnologien (Kernfusion usw.) und des Tissue Engineering (die Gewebeherstellung) seit den 1970er Jahren sind Beispiele für die Entfaltung der Naturgeschichte der Erde, welche wir aus erster Hand beobachten können. Ihre Zeitachse ist untrennbar mit der Zeitachse unseres Lebens verwoben. Besonders existentiell ist dieser Zusammenhang mit Blick auf die Entwicklungen der medizinischen und pharmazeutischen Technologien in den letzten Jahrzehnten. Aus ihnen resultiert – mit jedem Jahr, das wir weiterleben – eine Verlängerung unserer Lebenserwartung, die uns ihrerseits Sicht auf eine immer tiefere naturgeschichtliche Zukunft der Erde gewährt. Hieraus erwächst für uns nicht nur ein planetarischer Imperativ zur Erkenntnis und Behebung des metaphysischen – d. h., nicht rein *innerhalb* der erlebten physischen Welt eines

Lebens spielenden – Verbrechens extrem ungleicher Lebenserwartungen in der Weltbevölkerung. Es erwächst auch eine Emphase des höchsten Alters. Das ›Territorium‹, das wir bewohnen, wenn wir das Planetarische bewohnen, ist nämlich nichts anderes als je die nächsten Jahrzehnte. Wenn jedoch das Bewohnen des Planeten in der Zeit, und deshalb im Altern geschieht, dann ist es das *höchste* Alter, in dem wir dem Planeten im höchsten Grad von Zukünftigkeit begegnen.

A. Astrobiologie (Tiefenzeit)

Astrobiologie ist eine junge Wissenschaft, die sich als solche erst in den 1990er Jahren formiert.[47] Ihre Vorgeschichte liegt in der Suche nach empirischen Befunden für das gegenwärtige oder vergangene Vorhandensein extraterrestrischen Lebens innerhalb des Sonnensystems, speziell auf dem Mars (mit der Viking 1 Mission 1975); von da aus erweitert sie sich zur Suche nach Zeichen von Leben auf Planeten außerhalb des Sonnensystems (Exoplaneten) und verbindet sich mit der – auch im kulturellen Imaginären immer wieder auftauchenden – Frage, warum exoplanetare Zivilisationen die Erde nicht längst kontaktiert oder besucht haben (Fermis Paradox, Drakes Gleichung[48]).

Erst in den letzten drei Jahrzehnten jedoch werden Exoplaneten in immer größerer Zahl (mittels Keppler, dann TESS-Teleskop) tatsächlich gesichtet und auf Biosignaturen untersucht – das ist die sogenannte Expolanetenrevolution.[49] Wurden in den 1990er Jahren rund 30 Exoplaneten entdeckt, waren es in den 2000ern fast 400 und in den 2010ern schon mehrere Tausend.[50] Im Zentrum stehen hier die chemisch-atmosphärischen Veränderungen, die Leben auf Planeten bewirkt und die auch auf große Entfernungen nachweisbar sind. Diese Suche ist zunächst unspezifisch hinsichtlich der Frage, ob es sich um einfaches oder komplexes, gar intelligentes Leben handelt. Zugleich jedoch scannt man in Projekten wie Breakthrough Listen (2016-) oder FAST (2020-) den Himmel nach elektromagnetischen Signalen ab, die man als Merkmal intelligenter, sogenannter »astronomisch aktiver« Zivilisationen außerhalb des Sonnensystems annimmt (SETI).

Diese empirischen Unternehmungen der Astrobiologie werden spätestens im neuen Jahrtausend von bahnbrechenden Theoriebildungen begleitet – wir denken hier speziell an die *Rare Earth* Hypothese von Donald Brownlee und Peter Ward, die am Modellfall der Erde für eine weite Verbreitung von einfachem, aber extreme Seltenheit von komplexem Leben im Universum argumentiert.

> [E]ine weitere Erkenntnis der astrobiologischen Revolution [besagt], dass das *Erreichen* der Evolutionsstufe tierischen Lebens und die *Erhaltung* dieses Levels zwei verschiedene Probleme darstellen.[51]

Denn für letzteres braucht es Stabilisationsfaktoren – etwa einen Mond, Plattentektonik, und die Abwesenheit fataler Kometeneinschläge –, die sich für die Erde so ergeben haben, während sie auf den allermeisten habitablen Planeten fehlen. Und selbst auf unserem Planeten hat komplexes (tierisches) Leben seit seiner Entwicklung in der Kambrischen Explosion vor etwa 500.000 Millionen Jahren eine Reihe katastrophaler *Mass Extinction Events* durchlaufen, die es leicht auch nicht hätte überleben können (im Vergleich mit der ›normalen‹ Auslöschung von ca. 30% aller Spezies alle 10 Millionen Jahre oder ca. 65% alle 100 Millionen Jahre zeichnen sich *mass extinctions* durch einen Verlust von ≥ 80% in einem weit kürzeren Zeitraum aus).

Neben diesem astrobiologisch relevanten erdgeschichtlichen Erkenntniszuwachs haben neue Erkenntnisse zur Entwicklung von Leben unter extremen Bedingungen (*Extremophiles*) und Hypothesen zur außerirdischen Entstehung von Leben und seinem möglichen interplanetaren Import durch Meteoriten (Transspermia-Hypothese) seit den 1990ern zu einem neuen theoretischen Verständnis von Leben als genuin planetarischem Prozess geführt.

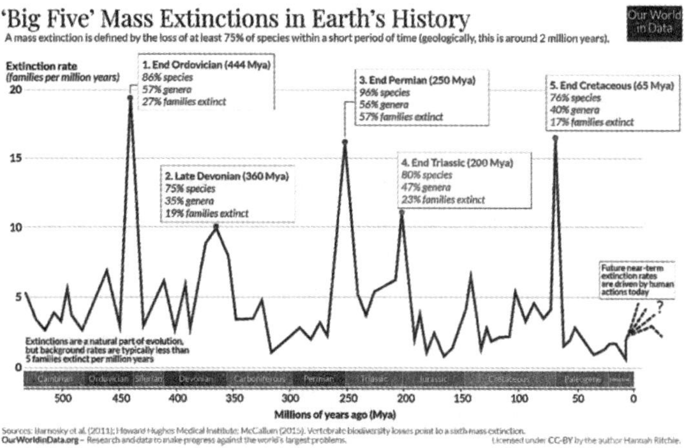

Die Entwicklung von Leben aus Nichtlebendigem – aus der Noch-Nicht-Lebendigkeit junger habitabler Planeten – entspricht einem neuen Ordnungsmuster für planetarische Materie und legt nahe, dass Biologie in gewissem Sinne immer schon Astrobiologie ist: Leben ist nichts anderes als ein Planetenzustand. Umgekehrt lassen sich belebte Planeten auch allein geologisch nicht beschreiben, wenn man nicht die geomorphologische Kraft der auf ihnen stattfindenden Lebensprozesse in Rechnung stellt:

> This perspective, which makes life a planetary property [...], opens the way to a more general treatment of biology at its core as a system science rather then a strictly historical discipline.[52]

Damit der Planetenzustand Leben seine immensen Kräfte und Potenziale tatsächlich entfalten kann, bedarf es jedoch zweierlei: Es braucht viel Zeit.

Und es braucht viele Versuche.

1. Astrobiologische Serie

In seinem populären evolutionstheoretischen Klassiker *Wonderful Life* (1989) entwickelt Stephen J. Gould das Gedankenexperiment eines Wiederablaufenlassens der Geschichte des Lebens:

> Ich nenne dieses Experiment »Das [Ton-]Band des Lebens wird nochmals abgespielt«. Sie sorgen dafür, dass alles, was wirklich geschehen ist, gründlich gelöscht wird, drücken dann auf die Rückspultaste und gehen zu irgendeinem Zeitpunkt und zu irgendeinem Ort in der Vergangenheit zurück – sagen wir, zu den Meeren der Burgess Shale [im mittleren Kambrium vor ca. 500 Millionen Jahren]. Nun lassen Sie das Band noch einmal ablaufen und prüfen, ob die Wiederholung überhaupt etwas mit dem Original zu tun hat.[53]

Goulds Gedankenexperiment ist noch nicht in einem astrobiologischen Kontext formuliert. Trotzdem ist sein Szenario sehr hilfreich für unseren Versuch, einige der zentralen Ideen und Operationen des astrobiologischen Denkens begrifflich herauszuarbeiten (nicht zuletzt, um so den Defiziten der Gegenwartsphilosophie auf diesem Gebiet entgegenzuwirken). Denn die grundlegende theoretische Operation der Astrobiologie besteht darin, dieses *für die Erde hypothetische* Wieder-Abspielen von Planetengeschichte als *im Universum real* zu interpretieren: Das »Tonband« des Lebens *läuft* im Universum ganz real milliardenfach wieder ab, und zwar in Form von Milliarden erdähnlichen Exoplaneten, die ihre Geschichte immer (jeweils) von vorne beginnen.

Diese grundlegende Äquivalenz beruht auf dem sogenannten Kopernikanischen Prinzip:

> The consensual scientific position regarding the physical conditions for life elsewhere is underlined by the Copernican presupposition: Earth is not unique; Earth-like environments enabling life might occur on other planets and moons. Recent data attesting to the proliferation of planetary systems in the galaxy and the discovery of an Earth-sized planet in the habitable zone of its star give credence to this conception.[54]

Dabei bedeutet Erdähnlichkeit nicht immer schon Erdidentität. Während in Goulds Gedankenexperiment immer vom *identischen* Anfangszustand einer früheren Erde losgelaufen wird, enthält das Wiederabspielen, mit dem die Astrobiologie uns konfrontiert, eine mehr oder weniger starke *Variation der Anfangsbedingungen*: jedes Einzelmerkmal, das die frühe Erde beschreibt, lässt sich auf anderen habitablen Planeten als auch oder nicht vorhanden denken, jeder einzelne Parameter, mit dem wir Planet Erde analysieren, als mehr oder weniger von den Verhältnissen auf der Erde abweichend.

Das präzisiert und erweitert zugleich, was bei Gould noch ein reines Gedankenexperiment war. Denn fragt sich bereits für *identische* Anfangsbedingungen – im Extremfall: molekülgenaue Erdidentität –, ob der Prozess des Lebens dann immer wieder ähnlich oder doch ganz anders abläuft, so bedingen Arten und Grade von Abweichung im wiederholten ›Abspielen‹ von Milliarden Planetengeschichten da draußen im Universum erst recht entsprechend abweichende Gestaltungen und Abläufe der Entwicklung (exo)planetarischen Lebens. Deren Summe bildet den morphologischen Raum des überhaupt im Universum möglichen Lebens.

Anders formuliert besteht die bahnbrechende theoretische Innovation der Astrobiologie aus philosophischer Sicht aus zwei Operationen:

(1) *Astrobiologie serialisiert die Erde.* Sie stellt die Erde in eine hypothetische, prinzipiell unendliche Serie mit sich selbst und in eine reale, milliardenfache Serie erdähnlicher Exoplaneten im Universum.

Was in der Vielzahl und Diversität der astrobiologischen Forschungsdesigns und Einzelprojekte leicht untergeht: Die Analysen der Serie sind konvergent, laufen auf die Herausarbeitung eines einzigen, einheitlichen Modellraums zu – auf ein Allgemeines Planetenmodell, das den Möglichkeitsraum habitabler Planeten im Universum erschöpfend beschreiben würde. So weit astrobiologische Forschung heute noch davon entfernt sein mag, das Allgemeine Planetenmodell bildet ihren Fluchtpunkt.

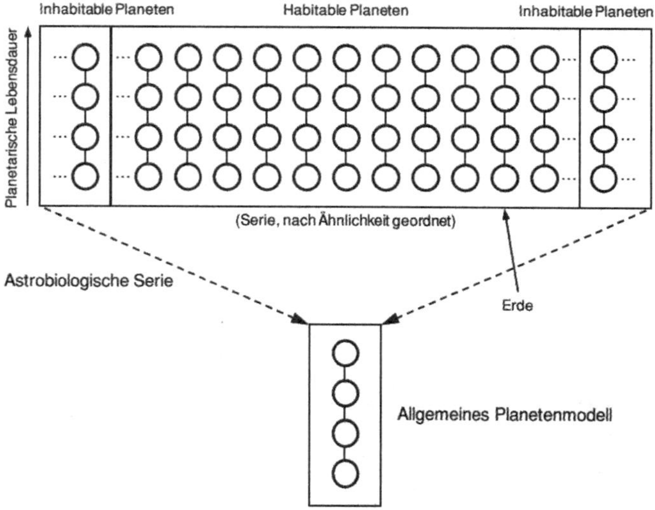

Denn alle habitablen Planeten unterliegen gemäß dem Kopernikanischem Prinzip ein und denselben Bedingungen: sie haben ja auch grundsätzlich immer bloß denselben Baukasten chemischer Elemente und physikalischer Kräfte bzw. Gesetze zur Verfügung (Gravitation, elektromagnetische Kraft, starke und schwache Kernkraft etc.), die das Universum teils seit seinen frühesten Momenten ausmachen, teils erst im Laufe der Zeit entstanden sind (wie die schwereren chemischen Elemente aus dem anfänglichen Wasserstoff).

In diese Richtung denkt auch Bronislaw Szerszynski, wenn er schreibt:

> The deepening understanding of our own solar system and the continuing discovery of diverse exoplanets orbiting other stars can help us to construct a far more expansive theoretical ›phase space‹ for planetary development, one that can accommodate diverse possible developmental trajectories of planets.[55]

(2) *Astrobiologie verzeitlicht die Erde.* Künstlerische Darstellungen von Planeten verschiedenen Typs, die man wie verschiedenfarbige Murmeln nebeneinander legt, vermitteln demgegenüber ein reduktives, von unbelebten Planeten geprägtes Bild. Dasselbe gilt für Google Earth, das *die Erde* mit einem digital zusammengesetzten Flickenteppich von Gegenwarts-Schnappschüssen

des vollständig kartografierten Globus verwechselt. Astrobiologisch informierten Augen hingegen erscheinen Planeten weniger als inerte Materieklumpen noch als Schnappschüsse, sondern als Zeitabläufe, Zeitfiguren. Ihre Gestalthaftigkeit liegt weniger in ihrer materiellen Beschaffenheit und räumlichen Konfiguration (zu welchem Zeitpunkt auch immer) als im Profil ihres Prozesses zwischen Anfang und Ende:

Planeten sind Schnörkel in der Zeit. Die Morphologie von Planeten ist im astrobiologischen Verständnis die Morphologie ihres Werdens, ihre temporale Signatur, deren *Konditionen* und *Muster* das Planetenmodell theoretisiert:

> [C]omparative planetology helps us to see planets as historical beings – entities whose states and trajectories change over time.[56]

So verstanden erscheint die Astrobiologie auch als ultimativer Horizont jeder Geschichts- oder Prozesswissenschaft, da sie der Geschichtsschreibung etwas hinzufügt, was ihr normalerweise fehlt, in jeder ›wissenschaftlichen‹ Darstellung jedoch unbedingt erforderlich ist: Wiederholbarkeit. Da die geschichtsphilosophische Analyse der Erkenntnisse der Astrobiologie noch in den Kinderschuhen steckt, hier nur so viel: *Ohne* einen solchen weiteren Horizont kann die Geschichtsschreibung immer nur die *eine* Geschichte betrachten, die sich ereignet hat, oder Wiederholungen innerhalb dieser einen Geschichte (wiederkehrende Muster), oder synchrone Wiederholungen im Raum (kulturübergreifender Vergleich) – als Ersatz für Wiederholbarkeit schlechthin. Das ist die Art und Weise, in der Geschichtsschreibung und selbst Big History üblicherweise betrieben wird.

Unserer Lesart nach etabliert Astrobiologie demgegenüber eine auf Wiederholung basierende Epistemologie, die sie zunächst einmal als auf den Bereich der Geschichte überhaupt anwendbar postuliert. Sie ermutigt nicht nur dazu, sondern gibt auch empirisch gewonnene Werkzeuge und Analysen zur Hand, die *eine* beobachtbare Geschichte der Erde in den Kontext einer virtuellen Wiederholbarkeit von Erdgeschichten zu stellen. Dazu kommt der Versuch, empirische Fortschritte bei der Beobachtung wiederholter Planetenprozesse zu erzielen, indem sie nach erdähnlichen Exoplaneten sucht (wie realistisch und detailreich die empirischen Ansätze im Einzelnen auch ausfallen mögen).

Eine überraschende Aktualisierung (oder: spekulative Aufhebung) erfährt in diesem Kontext übrigens Oswald Spenglers Idee einer Homologie historischer Erscheinungen – Homologie nicht mehr von unterschiedlichen Orten und Zeiten *auf der Erde*, sondern *in der astrobiologischen Serie*. Was ist damit gemeint? In seinem in jeder Hinsicht unzeitgemäßen geschichtsphilosophischen Klassiker spricht Spengler von einer Homologie historischer Erscheinungen, wonach chronologisch durch Jahrtausende getrennt stattfindende geschichtliche Phänomene oder Tatsachen in gewissem Sinne *gleichzeitig* stattfinden – nämlich insofern sie innerhalb ihrer Kulturen analoge oder homologe Bedeutung haben: »Hier hätten also Pythagoras und Descartes, Archytas und Laplace, Archimedes und Gauß als *gleichzeitig* bezeichnet werden dürfen. *Gleichzeitig* vollzieht sich die Entstehung der Ionik und des Barock. Polygnot und Rembrandt, Polyklet und Bach sind *Zeitgenossen*«.[57] Astrobiologisch wird man solche Homologien – etwa: die Existenz ›astronomisch aktiver‹ intelligenter Zivilisationen auf einem bestimmten Stand von Technologieentwicklung – dann auch auf räumlich weit voneinander entfernten Exoplaneten erwarten, die ihren Weg durch ihre Evolutionären Transitionen (s. u.) Milliarden Jahre früher oder später begonnen haben.

So greifen die beiden hier herausgearbeiteten Operationen, die Serialisierung und die Temporalisierung der Erde, ineinander, und ihnen bleiben wir im Folgenden verpflichtet. Wir machen keinen Hehl daraus, dass wir keine Freunde der *einen* Erd- und

Menschheitsgeschichte sind, oder gar dieser *einen* politischen Geschichte, die sich vor unseren Augen vollzieht. Wir sind es leid, die immer selben Protagonistïnnen der immer selben Geschichte – der, die wir überhaupt nur beobachten können –, vorgeführt zu bekommen. Unsere Faszination gilt stattdessen dem *Raum aller möglichen Geschichten der Erde*: wir lieben das Planetenmodell. *Ihm* gilt unser Begehren, und in gewissem Sinne sind wir viel eher gewillt, diesen Modellraum zu bewohnen als den Abgrund des einen, sich ereignet habenden Ablaufs. So verschafft Astrobiologie uns Lebensqualität.

Evolutionäre Transitionen (1-8)

Wenn Planeten temporale Signaturen sind, was ist dann ihr Produktionsmodus, wie läuft ihr Prozess ab? Die Antworten folgen dem für alle Biologien und Naturwissenschaften gültigen evolutionären Paradigma:

> [T]he philosophical Darwinian presupposition [holds] that terrestrial life emerged and evolved naturally and might do so elsewhere is not in doubt and is commonly guiding research in the field. [...] The origin of life itself is viewed by researchers as an evolutionary process, dependent on the prebiotic emergence of an evolvable physico-chemical infrastructure that could have undergone primitive reproduction, variation, and selection.[58]

Dabei erscheint der Evolutionsprozess der Erde heute weniger als Kontinuum denn als Durchgang durch eine Reihe evolutionärer Schlüsselinnovationen oder »Transitionen«, die dem Evolutionsprozess je neue Mechanismen und/oder Akteure hinzufügen und ihn scharf in ein Vorher und Nachher unterteilen. Bei diesen *Major Transitions in Evolution*, so auch der Titel eines einflussreichen Buchs des theoretischen Biologen John Maynard Smith und des

Table 1.2 The major transitions

Replicating molecules	→	Populations of molecules in compartments
Independent replicators	→	Chromosomes
RNA as gene and enzyme	→	DNA + protein (genetic code)
Prokaryotes	→	Eukaryotes
Asexual clones	→	Sexual populations
Protists	→	Animals, plants, fungi (cell differentiation)
Solitary individuals	→	Colonies (non-reproductive castes)
Primate societies	→	Human societies (language)

Biochemikers Eörs Szathmáry (1995),[59] geht es um grundlegende evolutionäre Erfindungen wie etwa DNA, Zellen mit Zellkern, sexuelle Reproduktion, Vielzelligkeit und Zelldifferenzierung im Organismus. Die Erfindung der Vielzelligkeit erfolgte in der sogenannten Kambrischen Explosion vor ca. 500 Millionen Jahren (also nach bereits rund 4 Milliarden Jahren Planetengeschichte), durch die oder *mit* der sich das Erdsystem in der uns bekannten Form, mit seinen auch heute noch aktiven biogeochemischen Zyklen etc. in Grundzügen ausgebildet hat.[60] Sie führte zu einer einzigartigen Vervielfachung vielzelliger Lebensformen, die auch ihrer Plötzlichkeit wegen »adaptive Radiation« genannt wird.[61]

Seit dieser Zeit zählen Smith/Szathmáry zwei weitere Basis-Erfindungen biologischer Evolution – die des Sozialverhaltens (soziale Insekten etc.) und die des menschlichen Sprachgebrauchs bzw. Übergangs zu offener soziokultureller Evolution. Der *Major Transitions*-Theorie zufolge hat sich nach Durchgang durch jede dieser acht Schlüsselinnovationen die anschließende Erdgeschichte nach je neuen Regeln gestaltet und den Planet Erde auch physisch umgearbeitet:

> [...] the Earth seems to be less one planet, rather a number of different Earths that have succeeded each other in time, each with very different chemical, physical and biological states.[62]

Dabei sind Evolutionäre Transitionen nicht die einzig denkbaren Formen, in der sich planetarische Werdensprozesse artikulieren. Parallel dazu gibt es etwa auch plausible evolutionsbiologische Beschreibungen der tiefenzeitlichen Erdgeschichte anhand von Energieparadigmenwechseln, wie diejenige von Olivia Judson:

> The history of the life-Earth system can be divided into five »energetic« epochs, each featuring the evolution of life forms that can exploit a new source of energy. These sources are: geochemical energy, sunlight, oxygen, flesh and fire. The first two were present at the start, but oxygen, flesh and fire are all consequences of evolutionary events. Since no category of energy source has disappeared, this has, over time, resulted in an expanding realm of the sources of energy available to living organisms and a concomitant increase in the diversity and complexity of ecosystems.[63]

Auch Komplexitäts- und Novitätszuwachs sind oft bemerkte Qualitäten der Planetenevolution. In den Worten des brasilianischen Philosophenpolitikers Roberto Unger:

> Then we have in the evolution of the universe a series of events which increased this power (that always existed) for the production of the new. Already prior to life in the geological record, we find the creation of novelties, like the formation of crystals. Then comes the mind, consciousness and more. The evolution and ascent of humanity and the development of our powers of agency is related to this enhancement of our ability to create the new.[64]

So wird deutlich, dass sich die temporale Signatur habitabler Planeten in unterschiedlicher Weise beschreiben lässt.

Wie angedeutet, ist mit unserer Präferenz für Smith/Szathmárys *Major Transitions* die zentrale Fragestellung des astrobiologischen Forschungsprogramms mit Bezug auf die Erde dann diejenige, ob und inwieweit sich ihre bekannte temporale Signatur inklusive der acht evolutionären Transitionen auch im hypothetischen Wieder-Abspielen der Erdgeschichte wiederholen bzw. immer wieder so ausprägen würde.

Erinnern wir noch einmal an das evolutionstheoretische Gedankenexperiment:

> Wenn die Wiederholung in allen Fällen eine starke Ähnlichkeit mit dem tatsächlichen Gang der Geschichte des Lebens aufweist, kommen wir nicht an dem Schluß vorbei, daß das, was tatsächlich geschehen ist, auch in etwa so eintreten musste.

> Doch angenommen, die einzelnen Versuche erbrächten allesamt vernünftige Resultate, die sich von der tatsächlichen Geschichte des Lebens deutlich abheben. Wie stünde es dann um die Vorhersagbarkeit von selbstbewußter Intelligenz oder von Säugetieren oder Wirbeltieren, von Landlebewesen oder auch nur von vielzelligem Leben, das 600 Millionen schwierige Jahre durchgehalten hat?[65]

Für Gould ist das Wiederauftauchen der von ihm aufgeführten Phänomene in beliebigen Neudurchläufen fraglich. Vertreterinnen der Idee sogenannter *konvergenter Evolution* hingegen halten dies für wahrscheinlich. Und sie affirmieren die von Smith/Szathmáry entlang evolutionärer Transitionen festgestellte Direktionalität hin zu wachsender Komplexität (auf) der Erde.[66]

Damit ist nicht teleologisch unterstellt, dass Erdgeschichte jedes Mal völlig identisch abläuft, dass in *allen* Durchgängen *alle* Transitionspunkte – man könnte auch an Türen oder Pforten denken – ›gefunden‹ werden, oder dass dort nicht auch andere Transitionen auftauchen könnten, die in ›unserem‹ Durchgang nicht ›gefunden‹ wurden. Wohl aber wird angenommen, dass sie in *manchen* gefunden würden, und dass sich in einer beliebigen Zahl erneuter Durchläufe eine *belastbare und endliche Zahl* von Transitionspunkten und entsprechenden temporalen Signaturen ausprägen. Ansonsten wäre Astrobiologie strenggenommen als Wissenschaft gar nicht möglich, wenn man in jedem Durchlauf ein völlig singuläres Ergebnis sehen würde. Die Formulierung »Planeten sind Schnörkel in der Zeit« bezieht sich auf diesen taumelnden, zufälligen, auch chaotischen Gang des Planeten durch seinen Möglichkeitsraum.

Doch auch nach der astrobiologischen Klärung oder Neuperspektivierung des Gould'schen Gedankenexperiments bleiben viele Fragen, wenn man von der *Erde* wieder zu *erdähnlichen Exoplaneten* übergeht und untersucht, ob dieselben oder vergleichbare biologische Innovationen sich in deren Prozess auch zeigen, oder grundsätzlicher: ob das Schema »Durchgang durch eine Reihe evolutionärer Transitionen« dort auch Anwendung findet. Auch hier gibt es innerhalb der Astrobiologie einerseits Positionen, die exoplanetarisches Leben streng nach dem Vorbild des Lebens auf der Erde denken (weil nur auf diese eine, kohlenstoff- und DNA-basierte Weise konstruierbar). Andererseits gibt es Ansätze, die über völlig anders gebautes Leben (»life as we don't know it – LAWDKI«[67]) und dessen Evolution theoretisieren. Allerdings operieren auch diese im Rahmen des Evolutionären Prinzips und unterschreiben insofern die Idee evolutionärer Transitionen:

> [P]icture an alien. If you are picting something like unlinked replicating molecules or undifferentiated blobs of slime, then your aliens might not have undergone major transitions. But if what you are picturing has different parts with specialized functions, then your alien is likely to have undergone major transitions.[68]

Das ist plausibel und impliziert – dies kann gar nicht oft genug hervorgehoben werden – *keine* Teleologie (Zielgerichtetheit) oder ›Teleonomie‹ (so ein in der Wissenschaftstheorie aktuell vieldiskutierter begrifflicher Ausweg für ein uraltes naturphilosophisches Problem, der aber letztlich keine Lösung der immer wieder auftretenden Teleologieproblematik bietet), ja nicht einmal eine nennenswerte Direktionalität von Planetenprozessen. Letztlich handelt es sich um optische Täuschungen, die bloß aus dem Hantieren mit schier unvorstellbaren Quantitäten resultieren: Wenn man – *picture an alien* – zum Beispiel zehn Planeten mit astronomisch aktiven intelligenten Zivilisationen herausgreift und isoliert betrachtet, erscheinen ihre Pfade zur Erlangung dieser Eigenschaft vielleicht als ziemlich direktional (je nachdem wie viele und wie verschiedene Transitionspfade darauf konvergieren). Ganz anders aber, wenn man diese 10 Planeten wieder *einreiht in die Serie der Milliarden habitablen Exoplaneten* im sichtbaren Universum mit ähnlichen Anfangsbedingungen,[69] deren Teil sie sind, und die verschiedene Formen von Leben, aber keine solchen Zivilisationen hervorbringen: Dann verschwindet jeder Anschein der Direktionalität augenblicklich und die intelligenten Zivilisationen erscheinen nunmehr als reine Zufallsprodukte. Man kann den Vorgang auf diese beiden verschiedenen Weisen betrachten – doch ist es derselbe Vorgang, dasselbe Bild, das man da betrachtet, und darauf kommt es uns hier an.

Das Allgemeine Planetenmodell der Astrobiologie umfasst *alle* diese Fälle. Das Allgemeine Planetenmodell – geboren aus der Serialisierung der Erde und mündend in der Idee vom habitablen Planeten als temporaler Signatur evolutionärer Transitionen – ist robust.

Ontologische Regularität

Die bislang letzte und 8. der von Smith und Szathmárys angeführten Evolutionären Transitionen auf der Erde ist die biologische

Evolution der menschlichen Sprachfähigkeit vor ca. 70.000 Jahren: »Die Entstehung der Sprache ist die bisher letzte derartige Transition, die eine genetische Grundlage hatte«.[70] Dabei ist die Evolution des Sprachvermögens wie angedeutet synonym mit der Transition von der biologischen zu einer offenen sozio-kulturellen Evolution. Deren vorläufiges Zwischenprodukt ist die erdumspannende, intelligente Zivilisation von *Homo sapiens* und die Gegenwart der Großen Beschleunigung. Diese Zivilisation trägt viel geerbte kulturelle Differenz und politisches Konfliktpotenzial in sich, doch unterliegt sie, wie mittlerweile nachvollziehbar ist, einem einzigen und gemeinsamen Pfad der Entfaltung kollektiver Intelligenz.

Betrachtet man das Stattfinden Evolutionärer Transitionen auf der Erde durchs Okular des Allgemeinen Planetenmodells der Astrobiologie, wird die intelligente Zivilisation als reguläre Eigenschaft dieses Planeten kenntlich: zumindest unterscheidet sich die 8. Transition ontologisch, ihrem seinsmäßigen Status nach, nicht von den früheren wie der Bildung von Eukaryoten oder dem Übergang zur Vielzelligkeit. *Alle* Transitionen beruhen auf einer Verkettung zahlloser Zufälle, die bei einer einzelnen ›Ziehung‹ niemals eintreten würden, sich erst in einer milliardengroßen Serie zeigen und kombinieren, *in dieser Serie* aber *real* sind. Dass Transition 8 von habitablen Planeten seltener durchlaufen wird als zum Beispiel Transition 6 oder 3, markiert eine quantitative, nicht ontologische Differenz.

Im Übrigen: Selbst wenn, was plausibel ist, die *Rare Earth* Hypothese zutrifft[71] und intelligente Zivilisationen im Universum relativ betrachtet selten sind – es zum Beispiel in der Milchstraßengalaxie als unserer näheren kosmischen Umgebung vielleicht gar keine intelligenten Zivilisationen zeitgleich mit der jetzigen terrestrischen existieren –, gibt es im Universum aufgrund seiner gigantischen Ausdehnung in absoluten Zahlen trotzdem jederzeit eine extrem große Menge an Planeten mit intelligenter Zivilisation.[72] Sie können im Grunde *beliebig selten* sein – niemals ist es unplausibel, dass Astrobiologi̇nnen sie in großer Zahl »herausgreifen und isoliert betrachten« (s. o.). Ihre zeit-räumliche Entfernung von der terrestrischen Beobachteri̇n ist dabei für die Frage der ontologischen Regularität im astrobiologischen Sinne unbedeutend.

Die im Planetaritätsdiskurs stellenweise anklingende ontologische Irregularität und Ephemeralität der intelligenten Zivilisation auf der Erde wird so astrobiologisch widerlegt.

Astrobiologi̇nnen, ihrerseits, haben intelligente Zivilisationen bekanntlich von Anfang an als reguläre Planeteneigenschaft begriffen und deren relative Häufigkeit im Universum oft bereitwillig überschätzt – auch das SETI-Programm und der ganze Diskurs um Drakes Gleichung beruht hierauf. Dasselbe gilt für den spekulativen Flügel des astrobiologischen Forschungsprogramms, bei dem man sich den Faktor »L« (= Lebensdauer) in Drakes Gleichung näher ansieht, d. h. versucht, Verlaufsformen, bzw. vom Jetzt der Erde aus gesehen, Zukünfte intelligenter Zivilisationen abzuleiten – siehe die Hypothesen zum ihrem Gebrauch elektronischer Kommunikation (die sie für die SETI Radioteleskope überhaupt erst sichtbar machen würde)[73], siehe Karadshevs Skala, Dysons Sphären, Dicks Idee eines ›postbiologischen Universums‹ oder Tiplers Überlegungen zur angeblich unausbleiblichen Weltraumkolonisation, etc.[74]

So valide die Prämisse dieser Forschungen ist, so unbegründet sind ihre Hoffnungen: der *Sichtung* extraterrestrischer intelligenter Zivilisationen, sogar der *Kommunikation* mit ihnen, ja, des *Kolonisiertwerdens* durch sie; des *Sie-Kolonisierens* (die völlig un-planetarisch gedachte‹ Idiotie von *Occupy Mars!*). Diese Hoffnungen beruhen nicht allein auf der Überschätzung von deren Häufigkeit, sondern letztlich auf einer fast kindischen Unterschätzung der Ausdehnung des Alls.[75]

Festzuhalten ist umgekehrt, dass aus dem Ausbleiben der Hoffnungsereignisse dann aber auch *nichts* für die terrestrische Zivilisation folgt. Alle aus Drakes Gleichung abgeleiteten Theorien über Aussterberisiken und ›Große Filter‹,[76] bzw. aus ihnen erwachsende Initiativen wie Longtermism,[77] betrachten wir ruhigen Mutes als gegenstandslos: als großen Hoax.

2. Natur, d. h. die Exploration des Möglichkeitsraums der Planeten

Die 8. Evolutionäre Transition zur Sprachfähigkeit und offenen sozio-kulturellen Evolution hat für ihre Trägerspezies *Homo sapiens* zahlreiche Auswirkungen, von denen wir zwei hervorheben wollen: Ein erst moderates, später (mit der agrikulturellen Revolution) merkliches, und schließlich (in der Moderne) sprunghaftes Ansteigen der *Größe* ihrer Bevölkerung; und ein Anwachsen ihrer *Lebenserwartung*: lange kaum wahrnehmbar,[78] und dann, seit etwa 150 Jahren, extrem schnell.

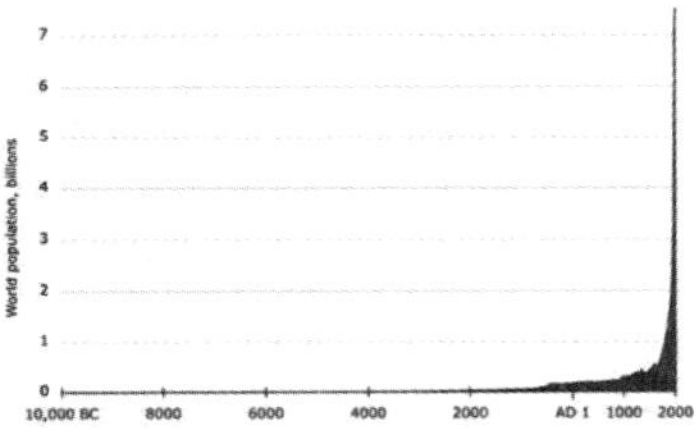

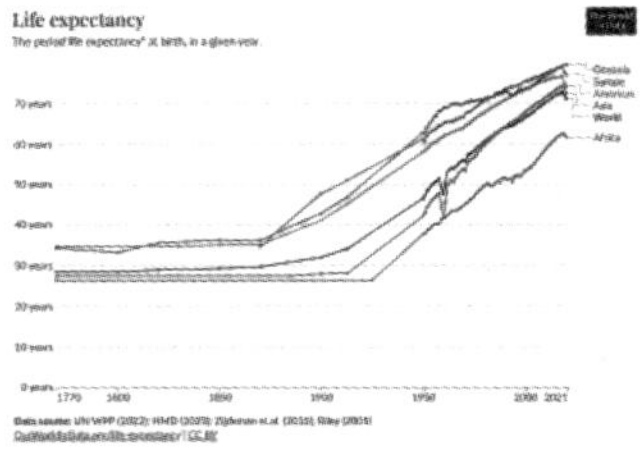

Anwachsende Bevölkerungsgröße und ansteigende Lebenserwartung ihrer Mitglieder sagen etwas aus über die Bewohnbarkeit des Planeten für eine Spezies: Die Habitabilität des Planeten steigt ausweislich dieser Kenngrößen für sie an.

Die Große Beschleunigung, in der die durchschnittliche Lebenserwartung seit 1950 von 46 auf 71 Jahre gesprungen ist, während sich die Weltbevölkerung mehr als verdreifacht hat, markiert dann den Moment einer regelrechten *Habitabilitätseskalation*. Allen gegenläufigen Intuitionen und Proklamationen zum Trotz war der *Planet Erde für Menschen noch nie so bewohnbar* wie jetzt.

Dieser Grundtatbestand wird übersehen, wenn man – was zugleich bitter nötig ist – auf die Gefährdungen von Habitabilität durch Klimaerwärmung und Artensterben fokussiert. Die Gefährdungen sind real und markieren *das* zentrale politische Problem und *die* planetarische soziale Frage unserer Zeit. Sie ändern aber nichts am Grundtatbestand einer bis auf weiteres zunehmenden Habitabilität des Planeten für Menschen. In diesen Zusammenhang gehört auch die Erkenntnis, dass das Aussterberisiko von *Homo sapiens* heute *so niedrig* ist wie noch nie – und nicht etwa umgekehrt, wie es eine Unzahl an *collapse porn addicts* (Leigh Phillips) glauben machen wollen.[79] Emblematisch hierfür steht die Tatsache, dass die Zahl der Todesfälle durch Extremwetterereignisse und Naturkatastrophen in den letzten Jahrzehnten weltweit um das 5-fache *gesunken* ist.[80] Alle endzeitlichen Vibes, alles Apokalypsegerede ist desorientiert mit Blick auf Grundsachverhalte im Zustand der Erde heute: es übersieht die Hauptsache, die de facto sich ereignende Habitabilitätseskalation.

Zugleich befinden wir uns in der Tat in jenem einzigartigen geohistorischen und atmosphärengeschichtlichen Moment – ohne dass wir ihm den Namen eines Planetozäns oder anderer Zeitalter geben müssen –, in dem die anthropogene ökologische Nische die Größenordnung des Planeten selbst angenommen hat. Und offensichtlich ist der Habitabilitätssprung für die menschliche Spezies – auch durch die Art und Weise, wie Menschen die ihnen zuwachsende Habitabilität ausgestalten –, mit massiven Verlusten an Habitabilität des Planeten für nichtmenschliche Lebewesen in der Biosphäre verbunden.

Ist dies also ein Moment der ›Schändung‹ der Natur, ihrer ›Zerstörung‹; ist der Planet ›kaputt‹, ›gedemütigt‹? Oder bedeutet es gar, wie vielfach angenommen, das anthropozäne Ende der Natur?

In jedem Fall hat die Große Beschleunigung zu einer großen Verwirrung in unserem Nachdenken über Naturverhältnisse und Naturbegriffe geführt.

Naturgeschichtliche Ekstasen

Die Astrobiologie hat eine Reihe von – impliziten oder bislang nicht generalisierten – naturphilosophischen Konsequenzen, die es uns erlauben, diese Dinge klarer zu sehen und zu artikulieren.

Gehen wir dazu zum Allgemeinen Planetenmodell (S. 39) zurück. Es beschreibt den Möglichkeitsraum erdähnlicher Planeten und interpretiert den Prozess von Planeten als ›Pfad‹ durch ihren Möglichkeitsraum. So sehr dieser Prozess von seinen Anfangsbedingungen, also der Beschaffenheit noch junger Planeten, *abhängt* – die Anfangsbedingungen bestimmen nicht zuletzt, ob es sich überhaupt um habitable Planeten handelt –, so wenig ist er von ihnen *determiniert*. Andererseits ist der Prozess nicht völlig arbiträr (auch wenn er viel Zufall in sich begreift), sondern vom Möglichkeitsraum in gewissem Maße *eingegrenzt*. Der Prozess eines Planeten lässt sich verstehen als ›Exploration‹ oder ›Ausforschung‹ seines Möglichkeitsraums in geologischer Zeit, inklusive womöglich des ›Findens‹ und ›Durchschreitens‹ von Evolutionären Transitionen (als den ›Pforten‹ oder ›Türen‹ zu jeweils neuen ›Kammern‹ im Möglichkeitsraum). Die Ähnlichkeiten, die der Prozess in beliebigen Wiederholungen – d. h., in der astrobiologischen Serie von habitablen Planeten – ausprägen *kann*, mögen dann, wie oben beschrieben, den Anschein von Direktionalität erzeugen, ohne dass Determinismus oder Teleologie im Spiel sind. Subjekt, Zugrundeliegendes, dieses ganzen Prozesses ist dabei nichts anderes als der jeweilige Planet, dessen Materie sich mit der Zeit in die einzelnen Trägermedien der evolutionären Innovationen differenziert – im Fall der Erde etwa von Prokaryoten über Cyanobakterien und Menschen bis hin zu zukünftig vielleicht nicht länger kohlenstoffbasierten Intelligenzen und Lebensformen.

Es ist dieser Prozess der Exploration und Explikation (Entfaltung) des Möglichkeitsraums von Planeten, den wir, die impliziten Prämissen der Astrobiologie ausbuchstabierend, ›Natur‹ nennen.

›Natur‹ ist so verstanden kein Bestand oder Inventar von Dingen an irgendeinem bestimmten Punkt der Planetengeschichte. Natur ist ein Prozess, der auf Planeten (qua Zeitfiguren) neue Strukturen und Prozessformen hervorbringt: Natur = Naturgeschichte.

Sucht man auf der Erde ›Natur‹, dann besser nicht nach bestimmten Bereichen oder Orten auf der Oberfläche dieses Planeten als vielmehr nach bestimmten Zeitpunkten in seiner Geschichte – nach den temporalen ›Hotspots‹, den zeitlichen Zuspitzungen oder Ektasen naturgeschichtlicher Entfaltung. Natur auf der Erde waren und sind zuvörderst die Evolutionären Transitionen, und allgemeiner mit Blick auf die Zukunft, alle neuen evolutionären, ökologischen und erdsystemischen Innovationen und Konstellationen, die sich in ihrem Gefolge je ausprägen und die Eigenheiten der geologischen Zeitalter ausmachen.[81] (Mit einem kurzen Vergleich aus der spekulativen Philosophiegeschichte: Die Unterscheidung von kurzen und hyperproduktiven Transitionsphasen – mit dem Philosophen Baruch de Spinoza würde man hier von *natura naturans* sprechen – und langen Zwischenphasen bis zur nächsten Transition ergibt eine Sicht auf das Inventar der Biosphäre in den Zwischenphasen als ›Residual‹ oder ›Erbe‹ der Transitionen – das, was Spinoza *natura naturata* nennt.[82])

Auch die erwähnte 8. Evolutionäre Transition ist demnach Natur. Wie Natur vor 500 Millionen Jahren den Übergang zur Multizellularität bedeutete, so bedeutete sie vor ca. 70.000 Jahren den Übergang zur offenen sozio-kulturellen Evolution und die allmähliche Herausarbeitung ihrer erdgeschichtlichen Konsequenzen: *das* ist seitdem der Prozess, der den Möglichkeitsraum der Erde in bislang unbekannte Regionen hinein erkundet, und der auf der Erde ständig neue Strukturen und immer neue Prozessformen erzeugt.

Die 8. Evolutionäre Transition erzeugt neue Naturphänomene (= biologische, ökologische, soziale, physikalische, chemische, etc. Phänomene) dabei zunächst nur innerhalb der menschlichen Spezies bzw. innerhalb der sehr eng gezogenen Grenzen ihrer ökologischen Nische (allerdings finden sich kategorisch bzw. qualitativ neue Naturphänomene seitdem tatsächlich *nur* dort).[83] Erst als diese Nische im Zuge der Neolithischen Revolution an Größe und Tiefe gewinnt – und nicht zuletzt auch klimabedingt mit dem Beginn des Holozäns die Weltbevölkerung schon damals, wenn auch unmerklich, anwächst – beginnt sie, sich stärker auch auf die umliegenden Ökosysteme auszuwirken. Einerseits integriert sie immer mehr vorgefundene und von ihr transformierte Organismen und Materialien in sich und mobilisiert deren Agency – die ›anthropogene‹ ökologische Nische ist in Wahrheit ein komplexes Netzwerk aus menschlichen und nicht- oder mehr-als-menschlichen Handlungsträgerschaften.[84] Andererseits bedeckt sie immer mehr kontinentale Fläche. Die Große Beschleunigung seit den 1950er Jahren markiert dann den Punkt, ab dem praktisch die komplette Biosphäre des Planeten sich im Inneren dieser ökologischen Nische befindet und vom Prozess der sozio-kulturellen Evolution von *Homo sapiens* erfasst und betroffen wird.

Entsprechend *fließt die Gegenwart über vor neuen Naturerscheinungen* in allen Formen, Gestalten und Größen.

Stellen wir ein paar Beispiele zur Diskussion:

Das Handeln der Biologïn in der biologischen Welt ist selbst eine neue biologische Tatsache.

Die Entwicklung und der Einsatz der Gentechnik in großem Maßstab auch.

Ebenso wie die industrielle Fortpflanzungsindustrie zur Tierproduktion.

Der demografische Übergang auch.

Tinder auch.

Die regulierende Tätigkeit der Ökologïn in einem Ökosystem ist eine neue ökologische Tatsache.

Ebenso sensorbasierte Ökologien in Landwirtschaft und Naturschutz.

Nicht anders die Massentierhaltung.

Und ebenso ›Clean meat‹: Organloses Fleisch – eine neue Ontologie des Fleisches und Lebens.

Decoupling (*for conservation*) auch.[85]

Klimamodelle auch.

Social Media – die Soziabilität des Internets – ist ein neues soziales Phänomen (soziale sind natürliche Phänomene, vgl. Bonobo-Soziabilität).

Das CERN ist ein neues physikalisches Phänomen.

Ebenso wie Atommüll.

Der Bau des Fusions-Forschungsreaktors ITER auch.

Der Extraktivismus und die von ihm in Bewegung gesetzten Materialströme sind ein neues geologisches Phänomen.

Die derzeit scharf ansteigende CO2-ppm-Kurve ist ein neues klimatisches Phänomen, ebenso wie ihr (hoffentlich demnächst zu beobachtendes) Wiederabsinken infolge bewusst betriebener Dekarbonisierung.

Auch Geoengineering wie das Einbringen von Aerosolen in die Stratosphäre oder der direkte Entzug von CO2 aus der Atmosphäre wären ein neues klimatisches Phänomen.

Der Drei-Schluchten-Damm ist ein neues hydrologisches Phänomen.

Etc.[86]

Diese Liste verdeutlicht doch nichts anderes als:

(1) *Natur ›blüht‹ in der Großen Beschleunigung.* Das ist keine normative Aussage – dieses ›Blühen‹ ist nicht per se eine gute Sache für alle Menschen und Lebewesen –, sondern eine Tatsachenfeststellung: Die Große Beschleunigung markiert eine absolute Hochzeit, eine Ekstase der Natur. Sie beschreibt das Zeitalter einer naturgeschichtliche Produktivität, die so gewaltig ist, dass sie der Herausbildung einer neuen geologischen ›Dimension‹ oder ›Sphäre‹ der Erde entspricht, welche sie umspannt und die vorherbestehenden Geosphären – Hydrosphäre, Atmosphäre, Lithosphäre und Biosphäre – des Planeten überlagert, ausbeutet und radikal umformt. Über diese von ihm so genannte Technosphäre sagt der Geologe Peter Haff:

> The proliferation of technology across the globe defines the technosphere – the set of large-scale networked technologies that underlie and make possible rapid extraction from the Earth of large quantities of free energy and subsequent power generation,

> long-distance, nearly instantaneous communication, rapid long-distance energy and mass transport, the existence and operation of modern governmental and other bureaucracies, high-intensity industrial and manufacturing operations including regional, continental and global distribution of food and other goods, and a myriad additional ›artificial‹ or ›non-natural‹ processes without which modern civilization and its present 7×10^9 human constituents could not exist.[87]

Nicht nur, dass die Technosphäre für Menschen längst die Rolle der Biosphäre übernommen oder sie zumindest unwiederbringlich überformt hat. Auch andere Sphärentrennungen werden brüchig, seitdem die Geosphäre von einer technologisch geprägten Schicht menschlicher und künstlicher Intelligenzen überzogen ist. Vor allem beginnen wir zu verstehen: unser Leben verläuft parallel, um nicht zu sagen in radikaler Gleichzeitigkeit mit dem Planeten. Leben, wie wir es kennen, unser Leben und der Planet, auf dem wir leben, entwickeln sich ko-evolutionär, ja ko-biografisch. Insofern widersprechen wir Dipesh Chakrabarty, wenn er von einem Planetarischen spricht, »aus dessen Perspektive Menschen nebensächlich« seien.[88] Das Gegenteil ist jetzt der Fall.

Zugleich erkennen wir retrospektiv, dass es sich bei der Unterscheidung zwischen der ökologischen Nische von *Homo sapiens* und ihrem Außerhalb (solange es eines gab) niemals um eine *ontologische* Unterscheidung zwischen Natur einerseits und Gesellschaft bzw. Kultur andererseits gehandelt hatte, sondern immer bloß um eine *temporale* Unterscheidung zwischen verschieden frühen oder späteren, älteren und neueren Entfaltungen und Produkten der Natur. Auch wenn wir das nicht gerne hören und sehen mögen: Wie bei vielen vorherigen Evolutionären Transitionen verhält es sich auch in diesem Fall so, dass sich neue Natur, neue Naturerscheinungen, destruktiv *in die Welt der alten hinein* ergießen; mit dem Unterschied, dass wir heute über die kognitiven Mittel verfügen, die es erlauben würden, den Grad der Zerstörung zu minimieren (oder dies wider besseres Wissen *nicht* zu tun).

(2) *Es ist die kollektive Intelligenz von* Homo sapiens, *die Intelligenz der anthropogenen ökologischen Nische*, *welche die Hauptproduzentin neuer Naturerscheinungen auf der Erde ist – und zwar nicht erst seit heute, sondern im Prinzip schon seit der 8. Evolutionären Transition*.

An ihr hängt seither die weitere Entfaltung des Möglichkeitsraums des Planeten. Dass intelligentes Leben zum *eigentlichen Schauplatz* der (Entfaltung von) Natur wird, führt dabei eine fundamentale Differenz in unser Verständnis von »Denken« ein. Denken ist ab jetzt nicht mehr nur *Produkt* evolutionärer Prozesse (qua biologischer Evolution), welches insbesondere auf der Ebene des einzelnen lernfähigen Organismus ausgeübt wird (der intelligente Rabe, der kluge Delphin etc.), ohne selbst Motor der Naturgeschichte zu sein. Nein: Denken verändert ab jetzt grundlegend, wie Natur sich entfaltet. Denken wird als kollektiver und transgenerationaler Prozess zum Produzenten von Naturgeschichte, statt nur deren Produkt zu sein. Die ›sozio-kulturelle Evolution‹, welche die 8. Evolutionäre Transition eröffnet, bezeichnet ja nichts anderes als den transgenerationalen Prozess kollektiver Intelligenz – mit Marx könnte man diese auch als »general intellect« fassen,[89] oder mit Hegel als »Geist«. Hegel spricht im Kontext seiner naturphilosophischen Überlegungen zu »mehrere(n) Erden, Planeten« von der Erde als »unserer Heimat, nicht als physischer, sondern auch der Heimat des Geistes«.[90] Tatsächlich sind Planeten die Heimat des Geistes, und Denken entfaltet sich auf ihnen auf produktive Weise. Eine astrobiologisch informierte Philosophie oder planetarische Naturphilosophie wird sich also nicht zuallererst durch irgendeine große neue Erkenntnis *über* Natur, *vis-à-vis* der Natur, auszeichnen. Ihre zentrale Einsicht bezieht sich vielmehr auf die eigene (planetarische) Ontologie: *sub specie planetatis ist das Denken selbst der Hotspot der Natur* – aus ihm entwickelt sich Naturgeschichte.

Wie die »Kultur«, die er hervorbringt, ist auch der »Geist« der Natur also nicht entgegengesetzt, wie es eine lange platonische, monotheistische und szientistische Tradition stets dogmatisch voraussetzte. Planetarisches Denken versteht sich als hyperperformativ gewordener Teil einer geotechnologischen Geschichte, zu der mittlerweile auch eine fast unendliche Serie an Technologien gehört, die als naturgeschichtliche Phänomene zu verstehen wir gerade erst dabei sind zu lernen:

> [I]f current geology, to understand finished epochs, has to study nature irrespective of man, future geology, to understand our own epoch, should study man irrespective of nature. So that future geologists, wishing to study our epoch's geology, would end up narrating the history of human intelligence.[91]

Was die Geschichte der Philosophie so lange für immateriell gehalten hatte – den Geist, die kollektive Intelligenz –, ist also nicht bloß an sich immer schon eine materielle Praxis, ein komplexes Akteur-Netzwerk in der ökologischen Nische.[92] Nach einigen 10.000 Jahren Vorlauf ist die kollektive Intelligenz heute und bis auf weiteres auch das explosivste materielle Agens auf dem Planeten: eine überwältigend produktive, durch nichts zu bändigende Naturerscheinung, ein wahnsinniger ›Rechenprozess‹, ein nicht-enden-könnender Prozess der Selbstdifferenzierung der Materie der Erde.

Transition 9 – Kritik des Anthropozänbegriffs

Nach diesen naturphilosophischen Überlegungen können wir die am Beginn des Kapitels herausgearbeitete Hypothese von intelligenten Zivilisationen als seltene aber ontologisch reguläre Eigenschaften erdähnlicher Planeten noch einmal aufnehmen und vertiefen. Ontologische Regularität gilt dabei auch für Phänomene wie die Große Beschleunigung. »This perspective entails viewing the current transition of Earth and civilization in their full astronomical and planetary contexts. This means seeing civilization as another manifestation of the long co-evolution of the biosphere and other coupled Earth systems«, so der Astrophysiker Adam Frank und Kolleg*innen.[93] Entsprechend charakterisieren sie die Große Beschleunigung bzw. das Anthropozän als »generic consequence of any planet evolving a successful technological species.«[94] Mit anderen Worten: Setzt man eine Evolutionäre Transition zu Sprachfähigkeit und offener sozio-kultureller Evolution voraus, ist ein von deren Trägerspezies dominiertes (exo-)geologisches Zeitalter eine wenn nicht zwingende, so doch mögliche, und damit in der Serie erdähnlicher Planeten keineswegs singuläre Konsequenz. Flapsig ausgedrückt: Habitabilität für die Trägerspezies steigern und Große Beschleunigung machen – das ist es nun einmal, was kollektive Intelligenz auf einem Planeten bewirken kann, wenn sie ausreichend Zeit zur Verfügung hat.

Doch lässt sich die Große Beschleunigung der zweiten Hälfte des 20. Jahrhunderts in ihrer relativen Plötzlichkeit und Inkommensurabilität (sie wurde erst 50 Jahre später überhaupt als solche erkannt) wirklich noch als äußerste Konsequenz der biologischen Evolution der Sprachfähigkeit interpretieren?

Denn als eine solche, d. h. als späte Konsequenz eines Prozesses, dessen Voraussetzungen und Initialzündung einige zehntausend Jahre früher liegen, haben wir die Große Beschleunigung bisher implizit verstanden. Perpetuieren wir damit nicht bloß ein auch in zahlreichen Anthropozän-Debatten schwelendes Problem: die sich ständig ändernde (Rück-)Datierung? Was, wenn wir im vollen Wortsinn umgekehrt denken und die Große Beschleunigung eher als *Beginn von etwas ganz Anderem* verstehen lernen müssen? Markiert oder signalisiert sie womöglich den Beginn einer erneuten Evolutionären Transition – ein erneutes ›Abheben‹ von Raumschiff Erde (siehe die Batterie nach oben weisender exponentieller Graphen[95])?

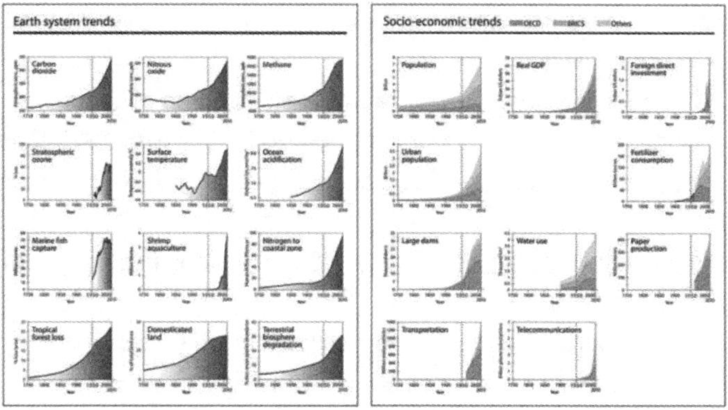

Eben dies deuten Smith und Szathmáry am Ende von *The Major Transitions in Evolution* zumindest an:

> Heute befinden wir uns mitten in einer weiteren wichtigen Transition, nämlich der zu einer Gesellschaft, in der Informationen elektronisch gespeichert und übermittelt werden. Niemand kann vorhersagen, wohin diese jüngste Transition führen wird.[96]

Zwei Jahre nach der Publikation blickt Maynard Smith in einem Interview auf das gemeinsame Buch zurück und benennt diesen Punkt als Leerstelle: »we don't cope [there] with the transition *we are now living through, which is the electronic revolution*, in which information in fact is transmitted electronically between people and between generations.«[97]

Entsprach die Emergenz der Sprachfähigkeit als Medienrevolution einer 8. Evolutionären Transition, so entspräche nun also die Medienrevolution der Computation Maynard Smith zufolge einer Transition Nr. 9.

Dabei begründet dieser Fokus auf Medien und d. h. auf Informationsübertragung im Horizont der *Major Transitions*-Theorie nicht etwa eine Sonderstellung dieser beiden historisch jüngsten Transitionen: Medienrevolution zu sein ist vielmehr *allen* der von den Autoren verzeichneten Evolutionären Transitionen gemeinsam:

> Dieses Buch handelte von den wichtigsten evolutionsgeschichtlichen Veränderungen in der Art und Weise, wie Information codiert und von einer Generation an die nächste weitergegeben wird. Die Entstehung der Sprache ist die bisher letzte derartige Transition, die eine genetische Grundlage hatte, aber sie ist nicht die letzte Transition überhaupt.[98]

Die Rede von den »wichtigsten evolutionsgeschichtlichen Veränderungen in der Art und Weise, wie Information codiert wird« umfasst dabei von Menschen entwickelte Informationstechnologien ebenso wie solche für die Transitionen zur sexuellen Fortpflanzung oder zur Multizellularität. Für die Astrobiologie und ihr evolutionäres Prinzip (= Prinzip der *evolutionären* Erzeugung von planetarischer Komplexität im Durchgang durch eine Anzahl von Schlüsselinnovationen in geologischer Zeit) ist es somit immer schon das Feld der Informationserzeugung-, -weitergabe und -verarbeitung, auf welches man fokussieren muss, will man die Umbrüche (= Hotspots, Ekstasen) verstehen, welche die Naturgeschichte von Planeten gestalten und gliedern. Das trifft auch auf den naturgeschichtlichen Exzess der Großen Beschleunigung heute zu: er ist im Licht zeitgenössischer Medienrevolutionen der kollektiven Intelligenz zu verstehen.

Dieser Fokus bestätigt die obige Rede von kollektiver Intelligenz als zeitgenössischer Hauptquelle neuer Naturerscheinungen; zugleich erlaubt er ihre Präzisierung – denn nur als mediatisierter kommt der Intelligenz dieser Rolle zu. »[T]he pace of cultural evolution has accelerated over time«, stellen die Anthropologen Alexander Bentley und Michael O'Brien fest, und fügen hinzu: »much of it [has been] tied to the ways in which humans have been able to harness and manage information.«[99] Entsprechend ist auch die Große Beschleunigung insbesondere mit den Entwicklungen digitaler Informationsverarbeitung seit dem Zweiten Weltkrieg zusammenzudenken. Auf eben diesen Punkt haben zuletzt Forscher aus dem Max-Planck-Institut für Wissenschaftsgeschichte hingewiesen:

> Die Computer-Revolution fiel so mit dem Sattelpunkt der Großen Beschleunigung um 1950 zusammen, und das heißt mit jenem Zeitpunkt, der zugleich als Beginn des Anthropozäns in Betracht gezogen wird. [...] Überspitzt könnte man sagen: Das Anthropozän erscheint als materieller Effekt von gesteigerter Rechenleistung.
>
> In der aktuellen Geschichtsforschung sind solche chronologischen und materiellen Zusammenhänge noch weitgehend verdeckt. [...] Aus diesem Grunde muss die künftige Forschung die wechselseitige Durchdringung und Verstärkung der stetig wachsenden Informationstechnologien und die im gleichen Maße wachsenden Raten von Produktion und Konsumption im Auge behalten. Der exponentielle Aufstieg der Telekommunikations-Konnek-

> tivität seit den 1950er Jahren, wie in einem der Kurvendiagramme der Großen Beschleunigung anschaulich dargestellt, ist dabei nur einer von vielen Indikatoren. Die ersten digitalen Computer sorgten für eine erhebliche Steigerung menschlicher Wirkkraft.[100]

Speziell für die Wissenschaften gilt, dass sie in der mittlerweile siebenten Dekade nach Anbruch der Computerrevolution in Bereiche vorgedrungen ist, die sie ohne elektronische Computation kognitiv niemals auch nur annährend berührt und betreten hätten – inklusive der von uns diskutierten Erdsystemtheorie seit den 1970er Jahren, der Astrobiologie seit den 1990er Jahren, bis hin zu den gegenwärtigen – die Zukunft antizipierenden – Klimamodellen. Das ist tatsächlich eine »Steigerung menschlicher Wirkkraft« von so radikaler Konsequenz, dass sie die Erdgeschichte einmal mehr scharf in ein Vorher und Nachher unterscheiden könnte. Einen Vorgeschmack auf potenzielle zukünftige Evolutionen nichtbiologischer Intelligenz bekommen wir schon jetzt in Gestalt der Neuronalen Netze und Transformer Modelle.

In medientheoretischen Begriffen – Medien hier ganz basal verstanden in ihrer das Mediatisierte transformierenden Funktion des Übertragens-Speicherns-Prozessierens – hinge Transition 9 demnach zusammen mit dem Prozess einer *Entbiologisierung kollektiver Intelligenz*.[101]

Verschoben schon Schrift und Buchdruck die *Informationsspeicherung* zunehmend von biologischen (= Gehirnen) in nonbiologische Medien, findet nun auch immer mehr *Informationsverarbeitung und -erzeugung* in chipbasierten Maschinensystemen statt:

> [This] tipping point was the appearance of technology capable of accumulating and manipulating vast amounts of information outside humans, thus removing them as bottlenecks to a self-perpetuating process of knowledge explosion.[102]

Die Interpretation der Großen Beschleunigung als Symptom der Entbiologisierung kollektiver Intelligenz und Frühstadium einer möglichen 9. Evolutionären Transition des Lebens auf der Erde hebt sie in den Rang eines naturgeschichtlichen Ereignisses von großer Tragweite, einer Großen Mutation im Sein der Erde. –

Wir ziehen diese astrobiologische Beschreibung der Gegenwart im Licht einer 9. Evolutionären Transition – ihrer Anzeichen und ihrer Gelingensbedingungen – einer Beschreibung der Gegenwart in Begriffen der historischen Geologie vor. So wichtig nämlich der geologische Anthropozänbegriff auch ist, und so anschlussfähig und produktiv er in den letzten Jahren für uns war, so sehr verkompliziert er die Dinge andererseits auch. Er zäumt das Pferd von hinten auf, indem er die Gegenwart nach dem Kriterium ihrer geologischen (toten) Residualität erfasst: das Neue an der Gegenwart ist demzufolge, dass heutige Generationen ein distinktes und neuartiges geologisches Stratum hinterlassen werden – und was für ein Stratum wird das also sein und wie können wir es mit den Methoden der Stratigrafie möglichst genau (antizipativ) bestimmen? Anders als für die historische Geologie üblich, haben wir im Fall des Anthropozäns jedoch jetzt nicht nur ein Stratum zur Hand, um dieses Zeitalter zu untersuchen. Wir können den Prozess als Gegenwart direkt beobachten.

Im Gegensatz zur astrobiologischen Theorie der Evolutionären Transitionen enthält der Begriff oder Diskurs des Anthropozäns jedoch keine Theorie – ja, nicht einmal eine wissenschaftliche Hypothese über den zu fokussierenden Wirklichkeitsbereich – zur Erklärung der Heraufkunft des Anthropozäns, was sich symptomatisch an der lange umstrittenen Datierung seines Beginns äußert. Das einzig relevante Kriterium verfährt über Residualität: ob es jetzt schon irgendwo die geologischen Signale gibt, um einen Golden Spike zu platzieren. Gegenwart wird hier vor allem begriffen als ›Eingrabungsstätte‹ zukünftiger Ausgrabungen – verbunden mit der Zeitlichkeit einer abgeschlossenen Vergangenheit. Anthropozän kann immer nur sein und denken, was wir gewesen sind – ein imaginärer Rückblick von *The Earth after Us*, wie der bezeichnende Titel eines Buchs des Geologen Jan Zalasiewicz lautet.

Astrobiologie hingegen interessiert sich für das wirkende, lebendige Prinzip, den laufenden Prozess von Planet Erde, für die von uns in actu durchlebte Revolution seiner Mechanismen und unsere möglichen Zukünfte in diesem Prozess.

Wolke und Bienenstock

Im Planetaritätsdiskurs begegnete uns technologisches Wachstum als Natureigenschaft der Erde, und diesem Motiv wollen wir nun weiter nachgehen. Wir erinnern uns, dass Benjamin Bratton in einer oben zitieren Passage metaphorisch von »sprouting of clouds of satellites« oder einer »planetary crust capable of tremendous feats of communication and calculation« spricht, mit der die Erde nunmehr überzogen sei. Andernorts formuliert er: »Earth has [...] evolved a smart exoskeleton.«[103] Bei dem erwähnten Jan Zalasiewicz lesen wir Ähnliches: »skyscrapers and coral reefs are basically large masses of biologically constructed rock«; »we live in and drive on Anthropocene rock constructions that we call houses and roads'«[104]. Der Wissenschaftsjournalist und ökomodernistische Sozialist Leigh Phillipps formuliert: »Our skyscrapers are not separate from nature; they are nature, as much as a termite colony's cathedral mound or a chaffinch nest or a beehive«.[105]

Solche naturalistischen Beschreibungen gehen mindestens bis auf den Geochemiker Vladimir Vernadsky (1863-1945) zurück, einer der ersten, der den Begriff der »Biosphäre« stark gemacht hat.[106] Erst im astrobiologischen Kontext erweist sich aber ihr naturphilosophischer Grund bzw. ihre naturwissenschaftliche (und also ganz und gar nicht metaphorische) Wahrheit.

Dabei unterscheidet sich der astrobiologische Naturbegriff – Natur als Prozess der Entfaltung des Möglichkeitsraums habitabler Planeten – nicht nur von allen früheren theologischen und regulativen bzw. normativen Naturbegriffen und überwindet jeden Holozän-Zentrismus, indem er den angenommenen statischen Charakter von Natur – eine falsche Extrapolation aus der Erfahrungen des Holozäns – durch die hyperdynamische, oft katastrophische Prozessualität real beobachteter Planetengeschichte in Tiefenzeit ersetzt und zeigt, dass die intelligente Zivilisation genau nicht das Andere von Natur, sondern selbst ihre (vorerst) letzte ›Raketenstufe‹ darstellt. Der astrobiologische Naturbegriff erlaubt darüber hinaus auch eine Qualifikation der Position Vernadskys mit Blick auf die politischen Implikationen der naturalistischen Beschreibung:

> Before our eyes, the biosphere changes sharply. And there can hardly be any doubt that its reconstruction (which is being manifested in this way by scientific thought, through the organized human labor) is not an occasional phenomenon depending upon the will of man, but an elementary *natural process* whose roots are deep and were prepared by an evolutionary process which has lasted for hundreds of millions of years.[107]

Der astrobiologische Naturbegriff bestätigt und verschärft zunächst den hier kenntlich werdenden Objektivismus Vernadskys: Ja, *die intelligente Zivilisation und ihre Große Beschleunigung ist keine ontologisch nichtige Aberration* – denn nicht nur hier und jetzt, sondern auch auf vielen anderen Planeten (und zu unterschiedlichen Zeiten) im Universum können Lebewesen wie wir in intelligente Zivilisationen hineingeboren werden, die Große Beschleunigungen bzw. Prozesse der Entbiologisierung kollektiver Intelligenz verzeichnen. Deren Ablauf hängt tatsächlich in gewisser Hinsicht nicht vom »Willen« dieser Lebewesen (*vom Willen des Menschen*) ab.

Findet nämlich eine 9. Evolutionäre Transition auf verschiedenen Planeten im Universum statt, erweist sich ein scheinbar kontingenter technikgeschichtlicher Vorgang wie zum Beispiel der, den Moores Law beschreibt, als in Wahrheit nicht einmaliges, sondern serielles Geschehen. Dann wird Prozessortechnologie weniger ›erfunden‹ als ›entdeckt‹ und die morphologische Trajektorie ihrer Miniaturisierung erweist sich eher als wiederkehrende Erkundung einer objektiven Struktur denn als einmaliges, freihändiges Konstruieren, Artefakte-Machen *ad libitum*. Wie ein Kristallisationsprozess immer wieder neu die Ausforschung der physikalischen Regeln der Kristallbildung ist, oder wie die Evolution des Auges immer wieder die Lösung des evolutionären Problems ist, Organismen in einer Umgebung zu konstruieren, in der elektromagnetische Strahlung als potenzielle Informationsquelle vorkommt – so haben wir es hier mit morphologischen Prozessen im Sinne einer Ausforschung objektiver Möglichkeiten zu tun, die in der Planetenmaterie selbst gegeben sind. Das ist die Grundlage dafür, dass man ihnen in wiederholten Durchläufen auf beliebigen Exoplaneten prinzipiell wiederbegegnen kann. Und es heißt, dass eine Semantik naturhafter Prozesse – zum Beispiel Brattons »sprießende Wolken von Satelliten« (s. o.) – dafür in der Tat angemessener ist als eine Technik- und Konstruktionssemantik, die dem Blick *auf einen einzigen Pfad eines einzigen Planeten* entstammt und deshalb (nur) idiosynkratische, einmalige Vorgänge erfasst, die eine einzelne Willensentscheidung tatsächlich unterbrechen könnte.

Andererseits ist der Naturprozess den Angehörigen der intelligenten Zivilisation nach astrobiologischem Verständnis keineswegs gänzlich entzogen oder unverfügbar – es ist doch jetzt ihr eigener Prozess.

Eine naturalistische Konzeption der Großen Beschleunigung und der Technosphäre degradiert das Handeln von Menschen nicht zum Automatismus oder setzt ihren Handlungsspielraum auf null. Wenn wir Transition 9 als seltene, aber ontologisch reguläre Eigenschaft habitabler Planeten denken, bedeutet das weder, dass diese Transition (zum Beispiel hier auf der Erde) notwendig stattfinden wird, noch dass sich das immer auf die gleiche Weise abspielen muss – als gäbe es keine Variabilität innerhalb dieses Phänomens. Gerade wenn sie sich direkt vor unseren Augen abgespielt haben wird: Warum sollten wir außerstande sein, der Naturgeschichte dieses Planeten *gemeinsam eine bestimmte Richtung zu geben*?

3. Hyper-Antizipation

In welchem Sinne lässt sich sagen, dass wir auf einem Planeten leben, ihn kollektiv bewohnen? Das war unsere Frage zu Beginn der Einleitung. Auch wenn wir uns nicht in den Horizont von Jäger- und Sammlerïnnen vor zehntausenden von Jahren hineinversetzen können: Bei aller erstaunlichen Orientierung und Kenntnis von Gegenden dürften sie doch keinen Begriff von Planeten als astronomischen Objekten im Sonnensystem und Weltraum gehabt haben. Um das zu verstehen genügt ein Blick auf die Gegenwart, und zwar nicht wegen unseres so viel umfangreicheren Wissens, sondern genau umgekehrt – und das ist keine Polemik – weil sich die Tatsache, dass wir heute in einer Technosphäre leben, die durch erdumspannende Materialprozesse, ökonomische Prozesse, kulturelle Prozesse gekennzeichnet ist, *auch nicht in ein entsprechendes Alltagsverständnis dieser Prozesse und des Erdsystems insgesamt übersetzt hat*, jedenfalls bislang. In diesem Sinne gilt, dass Menschen bisher noch gar nicht planetarisch leben und denken. Der Planet harrt strenggenommen noch der Ankunft seiner Bewohner'innen. Faktisch auf einem Planeten leben ist nicht dasselbe, wie einen Planeten zu bewohnen.

Umgekehrt beruht der zeitgenössische Diskurs um Planetarität genau darauf, dass wir inzwischen doch zunehmend dabei sind, uns eine Vorstellung zu machen und einen Begriff zu bilden von Planet Erde im Weltraum sowie von den erdumspannenden Prozessen, die unsere Lebensbedingungen materiell erzeugen. Ist von ›Planetarität‹ die Rede, sind diese Prozesse deshalb nicht nur implizit mitgemeint und thematisiert, vielmehr geht es immer auch um unser explizites Wissen um sie. Planetarität gibt es nicht ohne dieses selbst-reflexive oder rekursive Wissen. Diese epistemische Dimension ist besonders präsent in Benjamin Brattons Überlegungen zu Planetarität. Die Technosphäre – die Summe menschengemachter Infrastruktur, die inzwischen soviel terrestrischer Materie in sich bindet wie die gesamte Biosphäre selbst[108] – ist ihm zufolge nicht nur einfach eine neue geologische Dimension des Planeten. Sie ist auch sein *Sensorium*, was Bratton als *planetary-scale computation* auf den Begriff gebracht hat:

> The Earth is in the process of growing a planetary-scale technostructure of computation – an almost inconceivably vast and complex interlocking system (or system of systems) of sensors, satellites, cables, communications protocols and software. The development of this structure reveals and deepens our fundamental condition of planetarity – the techno-mediated self-aware-

ness of the inescapability of our embeddedness in an Earth-spanning biogeochemical system.[109]

Dieses neue »technik-vermittelte Selbstbewusstsein«, das für Bratton den Kern unserer »fundamentalen Kondition der Planetarität« ausmacht, beruht konkret auf zweierlei: Erstens auf dem Aufstieg mathematischer Modelle (Computersimulationen) als epistemischem Werkzeug der Natur- und Gesellschaftswissenschaften.[110] Zweitens auf erdumspannenden Infrastrukturen bzw. Protokollen der Datenerhebung zur Fütterung dieser Modelle.[111] Prominentestes Produkt der so ins Werk gesetzten *planetary-scale computation* sind für Bratton die Klimamodelle:

> The models that we have of climate change are ones that emerge from supercomputing simulations of Earth's past, present and future. This is a self-disclosure of Earth's intelligence and agency, accomplished by thinking through and with a computational model.[112]

Dabei sind Klimamodelle keineswegs nur Simulationen der Erdatmosphäre und der Weise, wie die Sonnenenergie von ihr absorbiert wird, erdumspannende Luftzirkulationsmuster in Gang setzt und wieder in den Weltraum abgestrahlt wird. Das war nur bei den ersten Klimamodellen der 1950er und 1960er Jahre der Fall. Seitdem wurden diese Modelle sukzessive mit immer weiteren klimarelevanten Informationen gefüttert, vom Wärmeaustausch zwischen Atmosphäre und Meeren bzw. Landmassen, die Eisbildung an den Polkappen und an Land, über Daten aus der Atmosphärenchemie und Ozeanökologie bis hin zu biogeochemischen Zyklen wie dem Kohlenstoff- oder Stickstoffzyklus[113], allesamt Faktoren, die ihrerseits in Form mathematischer Modelle repräsentiert werden. Klimamodelle sind so immer mehr zum rekursiven Modell aller Modelle, d. h. zu *Erdsystemmodellen* geworden. Die immer höher aufgelösten Klimamodelle produzieren heute Simulakren des ganzen Planeten, den sie mit wachsender Rechenkraft in immer feinteiliger berechnete Zellen zerlegen.

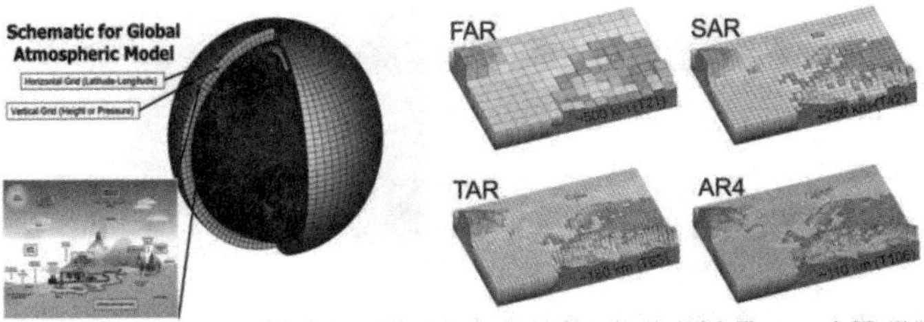

Illustration of grid cells used by climate models and the climatic processes that the model will calculate for each cell (bottom corner). Source: NOAA GFDL

Increasing spatial resolution of climate models used through the first four IPCC assessment reports: first ("FAR") published in 1990, second ("SAR") in 1995, third ("TAR") in 2001 and fourth ("AR4") in 2007 (Note, there is also a fifth report, which was completed in 2014). Source: IPCC AR4, Fig 1.2

Zum Erdsystem gehörig – und für die Entwicklung des Klimas entscheidend – ist aber insbesondere auch die intelligente Zivilisation. Sogenannte *Integrated Assessment Models*[114] verwenden wiederum mathematische Modelle u. a. von deren Bevölkerungsentwicklung und ökonomischer Aktivität sowie entsprechende Energie- und Ressourcenbedarfe, Landnutzungsmuster etc., um ihren Effekt auf das Klima und andere Erdsystemkomponenten zu simulieren.

Wir haben es also mit einer Kaskade rekursiv ineinander geschachtelter Modelle zu tun, die von Wissenschaftlerïnnen in den Natur- wie Humanwissenschaften erarbeitet und erprobt werden, und die in Klima- bzw. Erdsystemmodellen zu Großmodellen algorithmisch verschweißt werden. Sie führen darüber hinaus aber auch ein unabhängiges Dasein, spielen in ganz unterschiedlichen Einzelwissenschaften eine zentrale Rolle und dringen mit ihren Ergebnissen in die Nachrichtenöffentlichkeiten – und so in unser Leben.

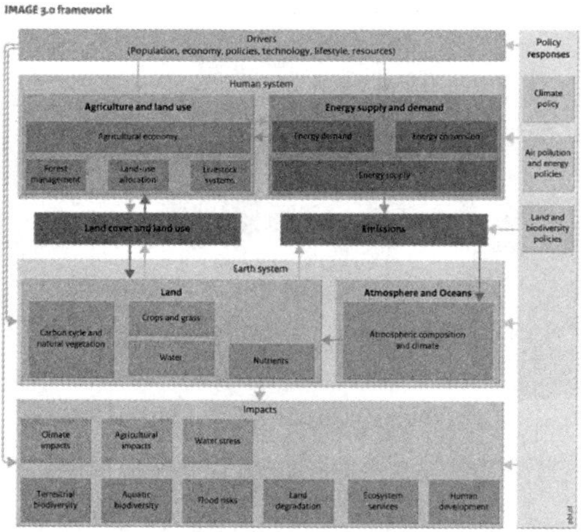

Planetarischer Zeitkomplex

Für uns geht es darum, die in Zirkulation gebrachten Modelle im Licht der astrobiologischen Temporalisierung der Erde zu betrachten – anders als bei Bratton und im bisherigen kulturwissenschaftlichen Planetaritätsdiskurs ist der Planet für uns explizit und allererst eine Zeitfigur.

Denn was produzieren solche Modelle?

Aussagen wie diese:

- Die Weltbevölkerung wird im Jahr 2064 mit 9,7 Mrd. Menschen ihren Höchststand erreicht haben (heute sind es 8 Mrd.).[115]
- Bis 2030 werden 1,9 Mrd. Menschen zusätzlich zur globalen Mittelschicht gehören (= 5,3 Mrd. insgesamt).[116]
- Die durchschnittliche Lebenserwartung bei der Geburt wird im Jahr 2070 bei 79 Jahren liegen (gegenüber 73 Jahren heute).[117]
- Bis 2050 werden weltweit mehr als doppelt so viele Menschen in Städten leben als auf dem Land (gegenüber Parität im Jahr 2007).[118]
- Das globale BIP wird sich bis 2050 mehr als verdoppelt haben.[119]

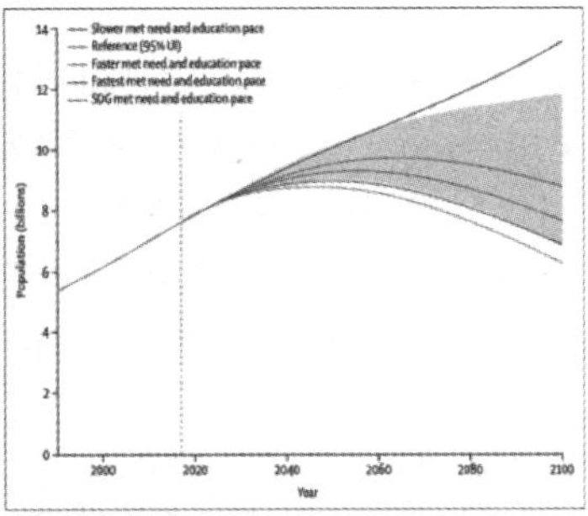

Figure 5: Global population in the reference, slower, faster, fastest, and SDG pace scenarios, 1990–2100
The reference scenario is presented with 95% UIs, which are represented by the shaded area. Past estimates are from GBD 2017, and values are in billions. GBD=Global Burden of Diseases, Injuries, and Risk Factors Study. SDG=Sustainable Development Goal. UI=uncertainty interval.

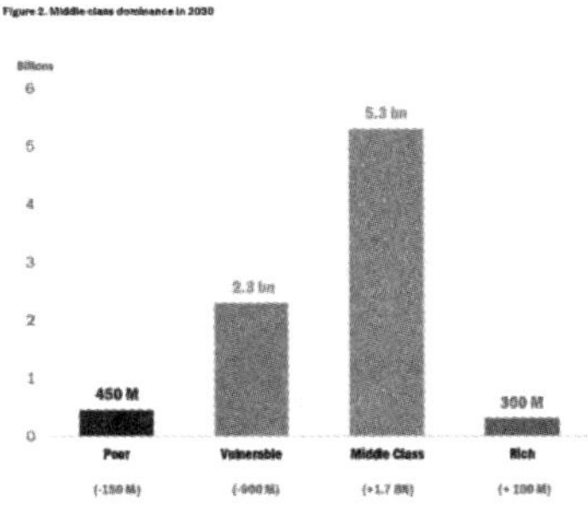

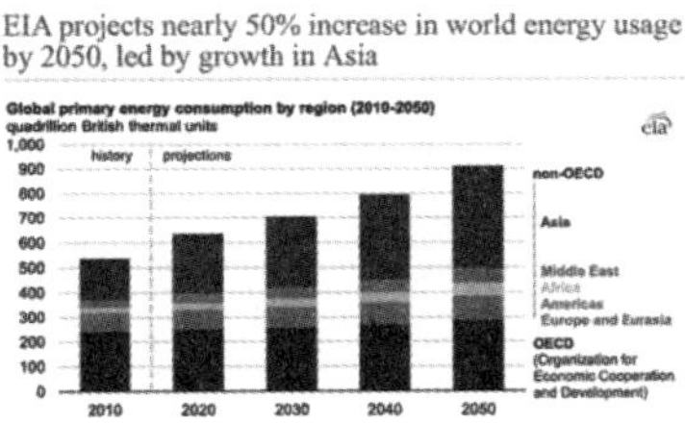

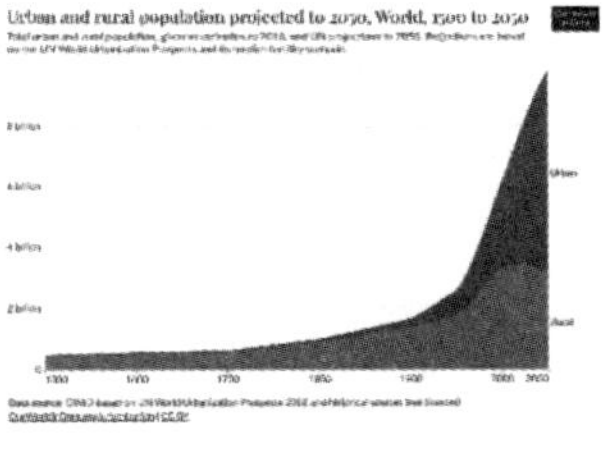

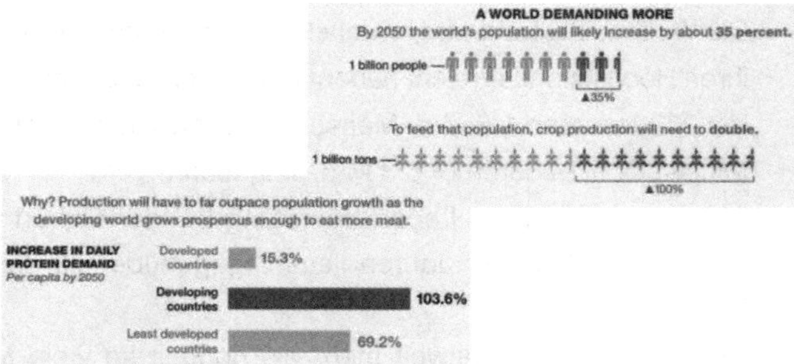

- »[W]orld energy consumption will grow by nearly 50% between 2018 and 2050. Most of this growth comes from countries that are not in the OECD.«[120]
- Die erforderliche landwirtschaftliche Produktion wird sich bis 2050 verdoppelt haben,[121] nicht zuletzt, weil:
- »Between 2010 and 2050, global meat and dairy consumption is on a course to increase by nearly 70 percent, with beef consumption increasing by more than 80 percent.«[122]
- »Implemented [climate] policies result in projected emissions that lead to warming of 3.2°C [by the year 2100], with a range of 2.2°C to 3.5°C.«[123]
- »[D]epending on scenarios of population growth and warming, over the coming 50 y, 1 to 3 billion people are projected to be left outside the climate conditions that have served humanity well over the past 6,000 y.«[124]
- Between 2030 and 2050, climate change is expected to cause approximately 250,000 additional deaths per year, from malnutrition, malaria, diarrhoea and heat stress.[125] –
- Etc.

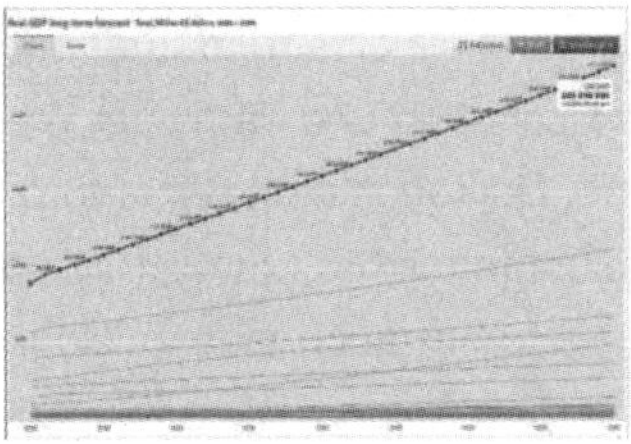

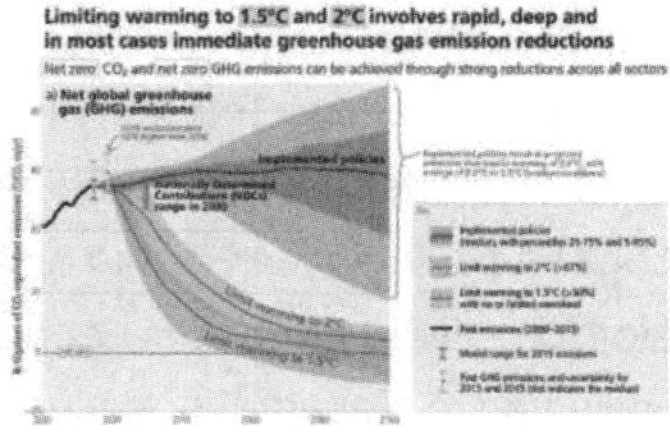

Damit wird für uns erkennbar, dass die diversen Modelle, die in den Großmodellen von Klima und Erdsystem zusammenfließen, in ihrer Vielgestaltigkeit eines gemeinsam haben: sie sind immer schon und konstitutiv temporale Modelle, sie betreffen den Planet in seiner Zeitlichkeit.

Das Vorhersagemoment ist den wissenschaftlichen Modellierungen axiomatisch eingeschrieben: als Formen algorithmischen Experimentierens lassen sich Computermodelle überhaupt nur an ihren Vorhersagen testen (zum Beispiel indem man sie gemessene Klimadaten der Vergangenheit ›vorhersagen‹ lässt).[126] Und genau in ihrem Zugriff auf unsere Zukunft liegt ja ihr pragmatischer Wert, der wiederum ihre enorme Verbreitung erklärt. In diesem Zusammenhang sprechen Wissenschaftstheoretiker:innen von einer regelrechten Kultur der Antizipation:

> [C]ultures of prediction based on computer modeling and simulation expanded enormously in the postwar period and have become a salient – although often invisible – feature of late twentieth- and early twenty-first-century societies with tremendous cultural and political import.[127]

Tatsächlich verstehen wir diesen Vorgang als eine fundamentale Mutation der Zeittechniken von Gesellschaften und damit der von uns bewohnten ökologischen Nische. So konstituiert die anthropogene ökologische Nische eine selbstgemachte räumliche und stoffliche Hülle um unser Leben; sie ist aber auch eine zeitliche Hülle und in diesem Sinne eine *temporale Nische.* Die antizipativen Planetenmodelle stehen im Kontext der Entwicklung dieser temporalen Nische – der Entwicklung des zeitlichen Selbstverhältnissen von menschlichen Praxen und Gesellschaften mitsamt der sie prägenden bzw. von ihnen geprägten Techniken: von der frühen Kalendarik und landwirtschaftlichen Planungszyklen über die moderne Synchronisation von Kalendern und Uhren bis hin zur Einhegung der Kontingenz zukünftiger Zeit in Wahrscheinlichkeitsrechnung und Versicherungswesen.[128]

Die seit Mitte des letzten Jahrhunderts entwickelten mathematischen Modelle stellen demgegenüber eine Form von datengestützter Prognostik bzw. verwissenschaftlichter Futurologie dar, die in ihrer Ubiquität und Qualität völlig neu ist – und die am Horizont ein *Dispositiv der Hyper-Antizipation* erkennbar werden lässt. In diesem weitet sich die temporale Nische vom Bezug auf Tage, Wochen, Jahre in der Zukunft, zum Bezug auf vor uns liegende *Jahrzehnte* als eine neue bewohnbare temporale Hülle der Gegenwarten aus.

Dabei macht der obige Abriss an Prognosen eines unmissverständlich deutlich: die Große Beschleunigung ist nicht zu Ende. Im Gegenteil führen uns die Modelle die vor uns liegenden Jahrzehnte des Planeten in ihrem extremen Dynamismus vor. Sie vergegenwärtigen uns die nächsten Jahrzehnte nicht als *steady state* einer gegebenen Erde, als statische Parameter-Fläche, sondern als eine exponentielle Situation, eine sich aufwölbende Erde, in der sich die ›Explosion‹ der Erdsystemparameter und anthropogenen Naturerscheinungen immer weiter fortsetzt. Ein wichtiger Treiber dieses Dynamismus und der ihn auszeichnenden Exponentialität ist paradoxerweise die Entwicklung eben derselben elektronischen *Computation*, die der Möglichkeit ihrer Sichtbarmachung zu Grunde liegt. So erzeugt die Entbiologisierung der kollektiven Intelligenz einerseits nie gekannte Möglichkeiten der Antizipation, die sie andererseits wieder untergräbt: durch den naturgeschichtlichen Ereignissturm, den sie in die nähere Zukunft der Erde hinein loslässt und der jede Vorhersage umso mehr erschwert, je extremer er ausfällt.

Zum anderen insistieren wir auf obiger Formulierung: wir leben im Horizont eines Dispositivs der Hyper-Antizipation, sprich: wir leben nicht schon in ihm. Das erschütternde kollektive Unvermögen – das jüngere Menschen buchstäblich verrückt werden lässt –, mithilfe exzellenter Klimamodelle antizipativ auf die Klimaerwärmung zu reagieren, zeigt, dass Hyper-Antizipation bis dato keine umfassende politische Realität ist. Hyper-Antizipation ist ebenso psychologisch real wie politisch virtuell, sie spielt in der demokratischen Selbstregierung der intelligenten Zivilisation keine konstitutionelle Rolle.

Zwar werden hyperantizipative Techniken im Einzelnen schon verwendet, speziell in der Ökonomie, wo Unternehmensberatungen und Versicherungen Großunternehmen regelmäßig mit beliebig spezifischen Markt-, Arbeitskraft- und Technologieentwicklungsprognosen bis 2030, 2050 etc. versorgen – ganz abgesehen von ebenfalls algorithmenbasierten, allerdings kurzfristigeren Formen der Prognostik etwa auf den Finanzmärkten oder in der exploitativen Vorhersage des Verhaltens von Kundïnnen und Userïnnen auf den kapitalistischen Plattformen und in sozialen Medien, die einer von uns in früheren Arbeiten unter dem Begriff des Zeitkomplexes (*time complex*) analysiert hat.[129] Im Kontext von *Global Governance* – und selbst von demokratischer Selbstregierung in Nationalstaaten – ist effektive Hyper-Antizipation jedoch, vorsichtig ausgedrückt, *work in progress*. Ob sich Hyper-Antizipation in absehbarer Zeit zu neuen Formen politischer und ökonomischer Gouvernementalität auswächst, können wir nicht wissen – geschweige denn, ob dies im Sinne einer neuen Erdsystemgovernance geschehen wird, die zentrale Fragen der Klima- und Ressourcengerechtigkeit lösen oder überhaupt nur behandeln könnte.[130] Derzeit ist Hyper-Antizipation nicht mehr und nicht weniger als ein neuer politischer Kampfplatz – Ort der Auseinandersetzung um die Konditionen der Herstellung von und das Ergreifen der Zukunft.

Doch ein Suchbild haben wir schon:

Das einer neuen und intelligenten Planwirtschaftlichkeit, welche die Lebenden von der puren Echtzeitlichkeit (kulturell-)evolutionärer Prozesse entlastet und sie in eine erweiterte temporale Hülle als Sicherheitsdispositiv hineinstellt, um sie gegen die Stürme zukünftiger naturgeschichtlicher Entfaltung zu schützen – für sie zu planen, sich gegen sie abzusichern, sie zu dämpfen oder umzulenken: ein Planetarischer Zeitkomplex.

Exoplanet Zukunft

Das Wirklichwerden eines Planetarischen Zeitkomplexes ist für unsere Eingangsfrage – was heißt einen Planeten kollektiv bewohnen – allerdings entscheidend. Ja: Um einen Planeten bewusst zu bewohnen, braucht es ein Verständnis seiner Kugelgestalt, seiner Lokalisation im Planetensystem etc. Auch die zur Geschichte der Globalisierung gehörende Dimension der Kartografie gehört hierher. Das ist eine kognitive ebenso wie praktische Angelegenheit: Die Vermessung der Welt, ihre Kartografierung, vollzieht sich im Zusammenhang mit der Kolonialgeschichte als Globalisierungsprozess.

Zugleich sind Globen und Weltkarten aber rein räumliche Displays und als solche immer bloß Schnappschüsse der Erde. Weniger als die Erde zeigen sie winzige eingefrorene Momentschnitte der temporalen Signatur, die der Planet eigentlich ist. Man bewohnt also die Erde noch gar nicht, solange man sich bloß kartografisch auf ihr orientiert. Das wäre vielmehr erst der Fall, wenn man *in ihrer Zeitlichkeit* seine Zelte aufstellen, dort siedeln würde. Das *Terrain*, das wir dann bewohnen, sind (je) die nächsten Jahrzehnte, der ausgemappte Raum der kommenden Dekaden in seiner Gestalthaftigkeit. Die Hyper-Antizipation der Computersimulationen ist die Kartografie der vor uns liegenden Planetenzeit. *Erst mit dieser Kartografie der Zeit beginnt das orientierte ›leben auf‹ einem Planeten in dem ihm eigenen Medium.* Seine Zukunft bewohnen ist die einzige philosophisch konsistente und konkrete Weise, einen Planeten überhaupt zu bewohnen.

An diesem Punkt schließt sich der Kreis zu unserer astrobiologischen Selbstbeschreibung als Planetenbewohnerïnnen – der Erkenntnis der ontologischen Regularität (trotz ihrer Seltenheit) von intelligenten Zivilisationen wie unserer als Produkte habitabler Planeten. Denn die großen Modelle der Hyper-Antizipation, die Klima- und Erdsystemmodelle, die alle anderen Modelle synthetisch in sich aufgenommen haben, sind nichts anders als Fragmente des Allgemeinen Planetenmodells der Astrobiologie, spezifiziert für Planet Erde in diesem Moment.

Umgekehrt könnte man sagen, ein Allgemeines Planetenmodell in der Detailliertheit und Auflösung heutiger (und erst recht kommender) Erdsystemmodelle – aber erweitert auf das Ganze der Lebenszeit eines Planeten und für alle möglichen habitablen Planeten und Planetentrajektorien im Universum *– wäre das letzte Ziel der Astrobiologie als wissenschaftlicher Disziplin.* Heutige Erdsystemmodelle sind kleinste HD-Fragmente eines in Entwicklung begriffenen astrobiologischen Allgemeinen Planetenmodells. Sie zeigen uns einen winzigen Ausschnitt – nämlich: einige Jahrzehnte der insgesamt 11 Milliarden Jahre terrestrischer Planetenzeit von Anfang bis Ende – des Möglichkeitsraums dieses Planeten.

Erst hier erweist sich der volle Bedeutungsumfang der astrobiologischen Serialisierung der Erde und ihre politische Valenz. Denn diese Serialität ist eben nicht nur mit Blick auf Exoplaneten ›da draußen‹ real, während sie für die Erde in jeder Hinsicht hypothetisch bleiben müsste. Das ist nur für ihre Vergangenheit der Fall. Hinsichtlich ihrer Zukunft ist die Erde hingegen völlig real eine Serie möglicher Pfade. Temporal unfertig, ist die Erde nicht eine, sondern viele. Das gilt bereits für ihre vergangene Zukunft, d. h. für die völlig unterschiedlichen Pfade, welche die frühe Erde *auch* hätte nehmen können – mit Blick auf die buchstäblich Milliarden Kontingenzen (von der forcierten Mondbildung bis zum Komet von Chicxulub ...), die zu *dieser einen* Geschichte geführt haben. Und es gilt für ihre vor uns liegende Zukunft. Lesen wir also das Schaubild von S. 39 von unten nach oben und somit ganz neu:

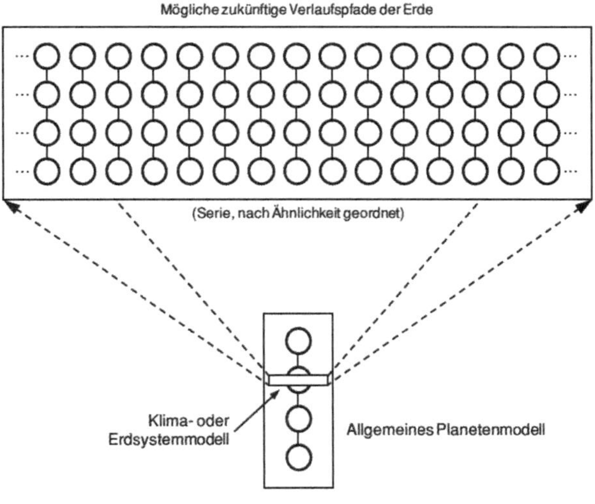

Das visuelle Argument lautet: Ihre eigene Zukunft ist für die Erde heute eine Serie von Exoplaneten, von denen sie *einen*, als sie selbst, ›betreten‹ kann.

Interessanterweise führt auch der den klimawissenschaftlichen Mainstream definierende Weltklimarat (IPCC) genau dieses Argument in seinen Publikationen an: Die *Integrated Assessment Models* der Klimawissenschaftlerinnen und ihre Zukunftsszenarien (*Shared Socio-economic Pathways*[131]) sollen es uns konkret erlauben, unser Handeln in einem Modellraum zukünftiger Erden als verschiedener Exoplaneten zu orientieren.

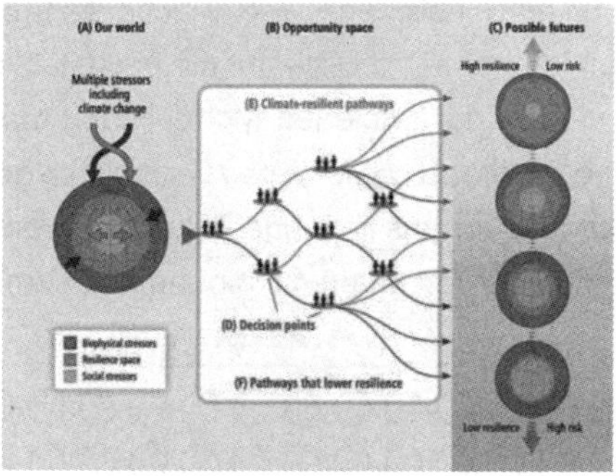

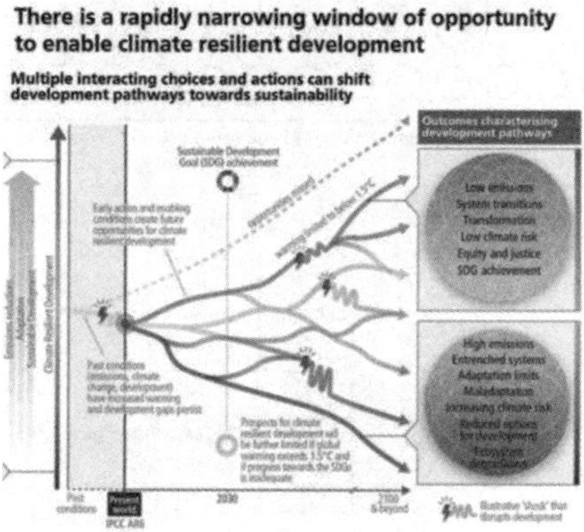

Diese zukünftigen Erden sind für uns nur durch den Jetzt-Zustand der Erde ansteuerbar, doch sie sind nicht erd-spezifisch, exemplifizieren bloß den allgemeinen Möglichkeitsraum habitabler Planeten mit intelligenter Zivilisation am Beginn einer Transition 9. Sie repräsentieren unterschiedliche, von unserer kollektiven Agency heute abhängende Verlaufsformen derselben – inklusive Szenarien, in denen Transition 9 (zum Beispiel durch extremen Klimawandel, fatale KI-Weltkriege, aber auch exogene Zufallsfaktoren) wieder zum Erliegen kommt und insofern dann auch retrospektiv niemals stattgefunden haben wird.

Diese zukünftigen Erden werden einander mit fortschreitender Zeit immer unähnlicher.

Und sie werden allesamt der Erde heute mit fortschreitender Zeit immer unähnlicher, entfalten sich in eine tiefe Unbekanntheit, die – das wissen wir von den Evolutionären Transitionen – bis zur völligen Nichtwiedererkennbarkeit reichen kann. (Zalasiewicz: »a number of different Earths that have succeeded each other in time ...«)

Die tiefe Nichtwiedererkennbarkeit, die dem Exoplanet ›zukünftige Erde‹ *vis-á-vis* unserer Gegenwart eignet, gilt auch für seine hypothetischen intelligenten Bewohner'innen, die zukünftigen Leute bzw. Androiden in der *Homo sapiens*-Genealogie: diese Zukünftigen sind die einzigen Aliens, die jemals – vielleicht – von uns Kenntnis nehmen werden:

Erdimmanente Alienologie.

Wie gut, dass wir ihnen niemals ›in persona‹ begegnen werden.

Was ich krass finde: Die Prognostik, die Hyper-Antizipationen, machen was mit einem.

Hm?

Ja, wenn ich mir diese ganzen Schaubilder ansehe, wie zum Beispiel das hier,[132]

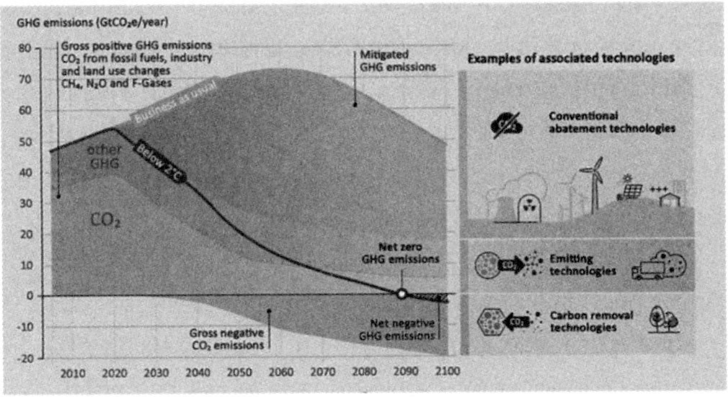

das davon handelt, wie das globale Emissionsprofil der nächsten Jahrzehnte aussehen müsste, damit das 2-Grad-Ziel erreicht werden kann, dann macht das was mit mir.

Was denn?

Ja, ist schwierig. Wenn ich nachdenke, würde ich sagen, dass es wahrscheinlich damit zu tun hat, dass ich das Jahr

2100 gar nicht erleben werde. Zumindest wäre ich dann 123, also die Chancen stehen schlecht. Dann aber ist es so, dass das Diagramm einen sehr besonderen Zeitpunkt mitenthält: meinen Todeszeitpunkt. Er ist noch nicht eingezeichnet, befindet sich virtuell aber schon auf der Linie, der x-Achse.

Da kommt mir sofort Heidegger in den Sinn. Der hat doch in *Sein und Zeit* die Idee gehabt, dass wir unsere Endlichkeit ernst nehmen müssen, um uns als Individuen richtig greifen zu können, und in diesem Zusammenhang spricht er von einem »Vorlaufen zum Tode« als etwas, das man ständig machen sollte, um sich als ein ganzes und im höchsten Maße individuiertes Wesen erleben zu können. Das ist schon problematisch im Nachklang an den Ersten Weltkrieg: dieser gewisse Heroismus des Todes. Aber vielleicht steckt doch was davon in dem, was du meinst?

Die Assoziation des »Vorlaufens« ist treffend, doch geht das hier glaube ich in eine andere Richtung. Heideggers Todesphilosophie ist ja im Kern vulgär, so habe ich es immer empfunden. Worum es ihm in *Sein und Zeit* geht, ist, das Leben durch das gedankliche Vorlaufen zum Tode in eine permanente Endstimmung zu versetzen und dadurch Existenzialisierungs- und Vereinzelungseffekte zu erzielen. Letztlich sagt er aber nicht viel mehr als ›lebe jeden Tag, als sei es dein letzter‹ ... All das basiert auf der Idee einer durch Endlichkeit gegebenen ›Knappheit‹ des Lebens, die ich für falsch halte (denn Endlichkeit hat nichts mit Negation zu tun – ich habe darüber woanders geschrieben[133]). Speziell hat aber das »Vorlaufen« bei Heidegger gar nicht dieselbe diagrammatisch-projektive Dimension wie im vorliegenden Fall, ist nämlich nicht an konkrete Lebenslängen und Todeszeitpunkte geknüpft.

Mein Gefühl hat nichts mit so einem platten Endlichkeitspathos zu tun, auch wenn die Endlichkeit eines Lebens im Sinne seiner Ganzheit dabei wichtig ist. Denn dass das ganze Leben sich dort in diesem Diagramm abspielt, heißt: man hat *keine existenzielle Mobilität* gegenüber dem Diagramm. Wir sind keine Engel, wir können nicht entwischen. Das Diagramm, als Szene (der Welt) unseres Lebens, ist daher das Einzige, was wir je gesehen haben werden.

Wir sind mit ihm in absoluter Weise verknüpft. Wenn mein Tod in diese Grafik eingezeichnet ist, fliegt mein Leben mit vom Tisch, wenn das Blatt durch einen Windstoß fortgeweht wird ...

... es ist dort eingezeichnet, steht buchstäblich ›auf demselben Blatt‹.

Gibt's nicht schon was *dazu*?

Weiß ich nicht, glaube aber nicht. Was es gibt, sind Analysen von Schaubildern und ihrer Diagrammatik im Zusammenhang mit der kulturwissenschaftlichen Analyse der ›cultures of prediction‹ genannten Hyper-Antizipation. Zum Beispiel hat die Wissenschaftshistorikerin Nina Wormbs zu den Schaubildern des IPCC und deren Projektionsrahmen bis 2100 geforscht.[134] Sie interpretiert 2100 als das »Ende der Zeit« in den Diagrammen und erblickt darin eine Apokalypse-Referenz. Die Endlichkeit bzw. biografische Temporalität der Betrachterïnnen *vis-à-vis* der Projektionen, die uns interessiert, kommt bei ihr aber gar nicht ins Spiel.

Das gilt auch dort, wo andere Studien spezifisch die Zeitwahrnehmung im (immer Diagramm-vermittelten) Klimawandel in den Blick nehmen und da einen Mismatch zwischen dessen Zeitlichkeit und den Zeitdimensionen unseres Erlebens konstatieren, zum Beispiel die Ungreifbarkeit oder Abstraktheit des Jahres 2100 für uns heute.

So einen Mismatch hat bereits vor 50 Jahren der *Club of Rome* in ein schönes Schaubild gebracht, schau mal:

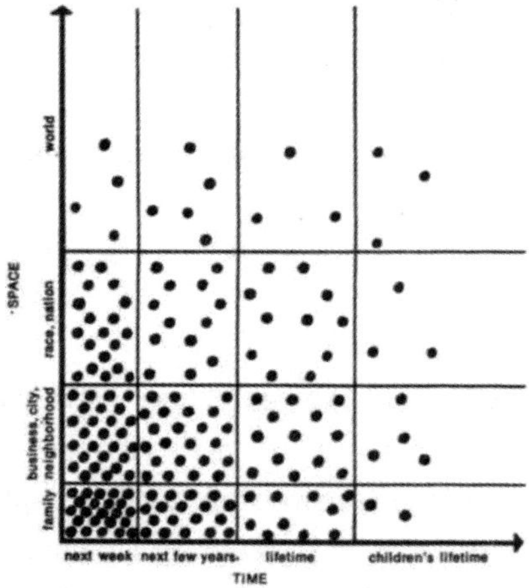

Although the perspectives of the world's people vary in space and in time, every human concern falls somewhere on the space-time graph. The majority of the world's people are concerned with matters that affect only family or friends over a short period of time. Others look farther ahead in time or over a larger area—a city or a nation. Only a very few people have a global perspective that extends far into the future.

Näher an der Gegenwart arbeiten zum Beispiel Sabine Pahl und ihre Mitstreiterïnnen aus der Ökologischen Psychologie zum Thema »Perceptions of time in relation to climate change«.[135] Aber wir müssen hier, denke ich, sehr vorsichtig sein. Denn Pahl führt (teils implizit) ein kausales Argument: *weil* unsere Zeitwahrnehmung – wie sie empirisch gut belegt feststellt – sich klassisch maximal auf die nächsten paar Jahre beschränkt, ist es so schwer, auf eine Klimaerwärmung zu reagieren, deren dramatischste Effekte weiter in der Zukunft liegen. Doch ein solcher Kausalzusammenhang ist eigentlich durch nichts belegt. Du würdest wahrscheinlich sagen, es handelt sich um pure Ideologie und Verkleisterung: nicht diese neutrale anthropologische Tatsache bewirkt die Blockade der Dekarbonisierung, sondern jahrzehntelanger Industrielobbyismus und der strukturelle Umstand, dass Leute im Globalen Norden von ihren Emissionen profitieren – dass sie für sie eine wahnsinnig gute Sache sind –, während der Hauptschaden nicht uns trifft.

Würde ich. Aber die gehen im Grunde auch methodisch diametral entgegengesetzt zu unserem Erkenntnisinteresse vor: sie setzen besagte Zeitwahrnehmungen als gegeben (sogar paläo-genetisch encodiert), während wir uns gerade dafür interessieren, wie sich diese Wahrnehmungen im Licht der Hyper-Antizipation, der uns alltäglich bombardierenden Prognosen und Zukunftsmodelle womöglich verändern. Vielleicht verändern sie sich bereits, und diese Wissenschaftlerïnnen kriegen davon nichts mit.

Und nicht nur die Zeitwahrnehmung im engeren Sinne – allgemeiner geht es uns, würde ich sagen, um die *Subjektivierungseffekte* der Hyper-Antizipationen.

Die kann man überhaupt nur untersuchen, wenn man die Pahl-These umkehrt. Zugleich muss man, würde ich sagen, dazu aus einer seit Spivak gängigen These aus dem kulturwissenschaftlichen Planetaritätsdiskurs aussteigen, der zufolge der Planet unrepräsentierbar sei oder möglichst nicht als Totalität repräsentiert werden sollte. Vielmehr sollten wir von dem ausgehen, was an Repräsentationen faktisch schon im Umlauf ist (ohne sie wie Bratton als Formen kollektiver Weisheit überhöhen zu müssen), und erkennen, dass dies Repräsentationen der Zeit des Planeten sind.

Als Vorlage bzw. Analogon unserer Frage fand ich da einige Passagen aus Norbert Elias' *Über die Zeit* hilfreich, ich lese sie Dir mal vor: »Man betrachte noch einmal das Gefühl von Menschen für ihre eigene Identität und Kontinuität ein ganzes Leben hindurch. In unserer Art von Gesellschaft ist die Lebensbahn eines Menschen peinlich genau vermessen. Eine präzise soziale Alters-Zeitskala – ›Ich bin zwölf, du bist zehn‹ – wird von jedem Menschen individuell sehr früh gelernt und als ein wesentliches Element in sein Bild von sich selbst und anderen integriert. [...] Die kontinuierliche Zahlenreihe, in der wir die Zahl der Lebensjahre eines Menschen angeben, wird mit biologischer, sozialer und persönlicher Bedeutung aufgeladen und spielt daher eine wesentliche Rolle für das Gefühl der eigenen Identität und Kontinuität eines Menschen im (wie wir sagen) ›Laufe der Zeit‹.«[136]

Ok, d. h. Elias sagt also: Unsere historisch-kontingenten Zeit-Techniken – er spricht ja von der Kalendarik und vom Durchnummerieren der Lebensjahre – bedingen unser Selbstverhältnis: wie wir uns wahrnehmen und beschreiben.

Dabei sollten wir nicht vergessen, dass das Verzeichnetsein der eigenen Geburt in einem Kalender, die Kenntnis des genauen eigenen Alters, das Abhalten von Feiern am Geburtstag, der runde Geburtstag, das Jubiläum, die Ehrung für hohe und höchste Geburtstage, aber dann auch sowas wie das Tagebuch-Schreiben, Lebensbericht-Verfassen, später vielleicht auch die Psychoanalyse etc. als biografische oder Lebenslauf-bezogene Selbsttechniken allesamt relativ neue Erfindungen sind – und dass sie deshalb ihrerseits auch entsprechend plastisch, veränderbar sind.

Hier setzen wir an, wenn wir die Hyper-Antizipation der Computermodelle jetzt in dieser Reihe der Zeit-Techniken verorten und mit ihnen vergleichen.

Dabei wird Biografie nun nicht mehr – wie dort – rein rückwärtig konstruiert. Ebenso wenig aber greift sie bloß vorwissenschaftlich in die eine als stabil und deshalb erwartbar unterstellte Zukunft – wie wenn man irgendwelche Pläne macht, einen Kredit aufnimmt oder studiert für einen späteren Job.

Nein, etwas Neues kommt hinzu. Uns geht es um eine *weitere Drehung in der Spirale der Technisierung der Zeit* und ihrer Effekte.

Um planetarische Zeit als Subjektivierungsform.

Genau. Einen Aspekt, die Artikulation der Tatsache der Endlichkeit und insofern Ganzheit unseres Lebens mit Blick etwa auf die Klimaprognosen bis 2100, hatten wir jetzt schon herausgestellt. 2100 ist aber bloß der äußerste Rahmen der Hyper-Antizipationen, insbesondere beim IPCC. Insofern kann das nur *ein* Aspekt sein. Denn es ist ja augenfällig, dass die meisten der im Umlauf befindlichen Projektionen – siehe nochmal unsere Liste auf S. 79ff. – nicht bis dahin, sondern zum Beispiel bis 2070, 2050, oft auch nur bis 2030 oder 2025 vorgreifen. Nicht gerade jedes kommende Jahr, aber jedes kommende Jahrzehnt taucht in den Projektionen auf. Das Dispositiv der Hyper-Antizipation bewirkt so eine präzedenzlose Transparentmachung – einen präzedenzloses quantitatives Ausmappen – des ›Territoriums‹ der vor uns liegenden Jahrzehnte. Das aber ist der vor uns liegende *biografische* Raum, biografische Zeit in ihrem Ablaufen. 2030: was machst du in 7 Jahren? 2050: was in 27?

Das ist der biografische Raum, in dem wir altern – und eben nicht bloß Ableben. Im Grunde ist das also das genaue Gegenteil des Heidegger'schen »Vorlaufens«, welches uns kognitiv allzeit am gedachten Lebensende fixiert: ein nach vorne offener temporaler Raum geht auf.

Ja: was Hyper-Antizipation unwillkürlich mit ins Licht reißt, sind die Lebensalter. Denn alle die aufgerufenen Zukunftsdaten sind für uns ja konkrete Stationen, Ereignisse, Situationen. Alles, was passiert, passiert an einem bestimmten Tag, in einem so-und-so gefärbten Monat. Nicht wahr: Ich bringe meine Mutter in ein Altersheim, an einem warmen Frühjahrstag des Jahres 2038. Meine Tochter wird eingeschult, ein Septemberfest im Park, 2024. Ich heirate nochmal (2040). Das Arbeitsamt finanziert mir eine Umschulung (2033). Mein Vater stirbt (2030).

So stößt uns die alltägliche Prognostik der Hyper-Antizipation auf eine Tatsache, die uns wohl bewusst war, aber irgendwie verschwommen: dass jedes Leben eine bestimmte biografische *Gestalt* hat, mit entsprechenden Wachstumsprozessen, Stagnationen, Passagen, Schlüsselereignissen, Phasen ... Mir jedenfalls geht es so.

Das ist schon interessant. Aus dem Umstand, dass wir beginnen – so sehr wir noch am Anfang sind damit –, den Planet spezifisch in seiner Zeitlichkeit zu bewohnen, folgt eine neue Artikulation unseres Lebens in der Ganzheit seiner temporalen Signatur. Unser Leben wird, könnte man sagen, kenntlich als Schnörkel in der Zeit – genau das, was wir auch über Planeten in astrobiologischer Perspektive geschrieben hatten!

Milliarden Planeten rennen los. Alle fangen unbelebt an, die meisten machen unbelebt weiter. Einige erzeugen Zeitfiguren einfachen Lebens aus sich, manche Tiere, einzelne Tiere mit kultureller Evolution. Alle enden unbelebt.

Genau, und ebenso: Milliarden Leben rennen los. Alle fangen als Babys an, manche überleben dieses jüngste Alter nicht. Einige ... Alle enden im Anorganischen.

Das sind Parallelfiguren: Beides sind Biografien und Karrieren, also wörtlich Lebensläufe oder Laufbahnen. Beide sind plastisch, extrem handlich, gestalthaft. Beides sind irgendwie ›heilige‹ Zeit-Räume – Räume ekstatischer Enthüllung.

Vielleicht gelingt es uns ja, diese beiden Schnörkel in der Zeit, also den Lebenslauf der Erde und unseren Lebenslauf, nebeneinander zu legen und ihrer Interaktion näher zu kommen?

1. Aufgewachsen in Transition 9

Nur, wenn wir ein weiteres Motiv aus dem bisherigen Planetaritätsdiskurs aufheben.

Welches denn?

Na, dass die Eigenzeitlichkeit des Planeten immer eine nach menschlichem Maßstab unendlich langsame, wie glazial fließende Tiefenzeit sei. Wäre dem so, dann wären Erdzeit und biografische Zeit immer schon disjunkt und es gäbe keinerlei Berührung.

Hatten wir dazu was geschrieben?

Implizit ja, vermittelt über das *Major Evolutionary Transitions*-Modell. Ich probier's mal so: Wenn wir uns von der intuitiven aber leeren Vorstellung von Tiefenzeit als riesengroße Zeitmenge – ›Milliarden von Jahren‹ – lösen und Tiefenzeit stattdessen als *naturgeschichtliche Zeit der Erde* denken, als Zeit der Exploration des Möglichkeitsraums dieses Planeten, dann können wir schon erkennen, dass diese Exploration tatsächlich teils sehr langsam ablaufen kann – zum Beispiel brauchte es 1,5 Milliarden Jahre für Transition 4, den Übergang von Prokaryoten zu Eukaryoten. Sie kann aber auch vergleichsweise schneller ablaufen – Transition 6, der Übergang zur Multizellularität in der Kambrischen Explosion, bei der alle heute noch vorhandenen Phyla an Pflanzen und Tieren entstehen, hat nicht mehr als maximal 25 Millionen Jahre gebraucht.

Das sind alles noch Zeitdimensionen, die außerhalb der eines einzelnen menschlichen Lebens liegen ... Aber ich verstehe – es wird deutlich, dass Tiefenzeit *auf unterschiedlichen absoluten Zeitskalen operieren kann.* D. h., die der Erde eigene Zeit ist keine einförmige Zeit, sie nicht a priori an eine einzige Größenordnung geknüpft.

Insofern ist es kein Wiederspruch, wenn wir für die Gegenwart von einer nochmaligen extremen Beschleunigung der Tiefenzeit ausgehen und sowas sagen wie: was die Hyper-Antizipation mit ihren Projektionen vorführt, sind Szenarien der Naturgeschichte dieses Planeten *in den kommenden Jahrzehnten.* Weil nicht nur die Zeithorizonte der Erdmodelle ungefähr von der Größenordnung eines menschlichen Lebens sind – die Entfaltung der Naturgeschichte selbst ist es: ihre Geschwindigkeit, ihr eigener Takt, rechnet sich jetzt in Jahrzehnten.

Ja, das ist ein empirischer Fakt: Naturgeschichte entfaltet sich heute in der temporalen Größenordnung einer einzelnen Biografie, vorangetrieben und beschleunigt von der Entbiologisierung der kollektiven Intelligenz.

Wir atmen schon die ›Luft‹ von Transition 9: Wie in einem großen prähistorischen Moment, der sich nur eben gerade jetzt ereignet, fühlen wir jene *Luft Von Anderem Planeten* (Stefan George), mit der Arnold Schönberg vor hundert Jahren in seinem Zweiten Streichquartett das schon offenstehende Tor zur Atonalität endgültig aufriss ...

Nur dass dieser andere Planet jetzt die Erde ist.

Dass die Tiefenzeit, die naturgeschichtliche Zeit, dem einzelnen Leben innerlich wird, das ist aber schon neu, oder?

Naturgeschichte war einem Leben doch bisher immer äußerlich und deshalb (in) ihm unmerklich – dutzende, ja hunderte Generationen mussten ›aneinandergelegt‹ werden, um überhaupt nennenswerte naturgeschichtliche Veränderung zu ›sehen‹. Für jede einzelne Generation deshalb unwahrnehmbar. Jetzt nicht mehr.

So betrachtet sind die soziologischen Theorien über intergenerationale und in der Moderne zunehmend *in* eine Biografie fallende Brüche, der Kollaps der Unterscheidung von Natur und Kultur, oder von Naturgeschichte und Kulturgeschichte, nur ein Vorgeschmack oder Indikator dieser Verschaltung von Natur- und Subjektgeschichte. Sie ereignet sich im Rahmen einer epochalen planetarischen Zeitenwende oder planetarischen Zeit, die wir nicht umhinkommen zu interiorisieren, vielleicht auch weil wir ein heimliches Begehren verspüren, sie mehr und mehr Teil unserer Biografie werden zu lassen.

Zugleich berührt diese Interiorisierung etwas, das in mir seltsame Gefühle auslöst.

Warum denn?

In ihr liegt eine eigentümliche – aber ich kann den Finger noch nicht darauflegen – *Disfigurierung* der Beobachterïnnenposition. Auch das gehört zur Frage nach den Subjektivierungseffekten der Hyper-Antizipation und hat in diesem Punkt für mich zu tun mit der Struktur der Zeugïnnenschaft: Bezeugen von Tiefenzeit als existenzielle Position. Und mit einer Disfigurierung, der wir durch deren Interiorisierung in unsere Lebensalter unterworfen werden. Und mit einer fast unendlichen Exaltation, in deren Besitz wir durch sie kommen.

Verstehe ich noch nicht.

Ich auch nicht.

Gut, aber dann lass uns doch mal so spekulativ wie phänomenologisch versuchen, besser zu greifen oder zu beschreiben, wie es sich anfühlt, in den frühesten Stadien einer möglichen Transition 9 dieses Planeten zum Leben zu erwachen und dort aufzuwachsen.

Du meinst, wie wir unsere beiden Leben als Detektoren oder Visualisierungstools für die in ihnen ablaufende Naturgeschichte verwenden können?

Ja.

Ok, dann aber auch wirklich unsere ganzen Leben, von Anfang bis Ende. Komm, wir füllen hier mal diesen Lebenserwartungs-Rechner aus ...[137]

Mein Leben geht demnach von 1977 bis 2067 – krass, das ist schon sehr lang. Deins?

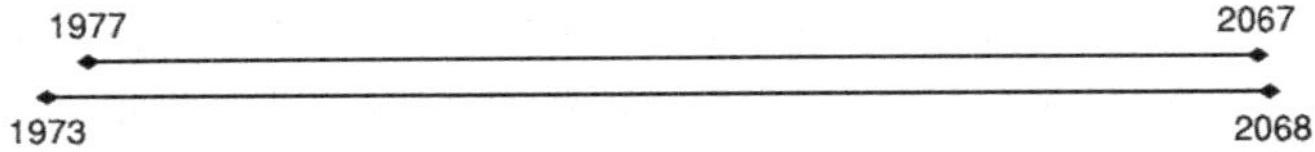

Ähnlich: 1973 bis 2068. Also wirklich lang, und wahrscheinlich kann man schon aus diesen Zahlen die Position des Privilegs ablesen, aus der heraus wir hier sprechen – sie liegen deutlich über dem globalen Durchschnitt der Lebenserwartung für mittelalte Männer. Das müssen wir später noch stärker markieren. Aber fang du jetzt mal mit der Naturgeschichte an.

Ok, ich komme im Oktober 1977 zur Welt, wurde also wahrscheinlich im Februar gezeugt. In diesem Moment kommt ein morphologischer Prozess in Gang – die Selbst-Zusammensetzung des nanotechnologischen Apparats ›befruchtete Eizelle‹, der ich zu diesem Zeitpunkt bin. Dieses Ding bootet sich im Bauch meiner Mutter quasi selbst. Insbesondere bildet sich in den folgenden Monaten mein Gehirn heraus, Milliarden Nervenzellen wachsen.

1977 ist auch das Jahr der ›Trinität‹ des Personal Computers: Apple, Commodore und Tandy Corporation bringen die ersten massentauglichen PCs auf den Markt. Im April 1977 – ich bin etwa 1,5 cm groß und wie eine Himbeere geformt – kommt der Apple II heraus, mit seinem 8-Bit MOS Technology 6502 Prozessor, der läuft bei ca. 1 Millionen Operationen pro Sekunde (1,023 MHz). Das ist der Stand der Prozessortechnologie zu dem Zeitpunkt, die ihrerseits einem morphologischen Prozess, Prozess des Gestaltwachstums unterliegt. Moores Law beschreibt diesen Prozess. Bereits im

Oktober 1977, am Tag meiner Geburt, hat sich die Zahl der Transistoren auf einem Computerchip demnach stark vermehrt, im Februar 1979 hat er sich gegenüber dem Tag meiner Zeugung verdoppelt.

Mein Gehirn seinerseits ist im Laufe der Schwangerschaft gewachsen und wächst nach der Geburt weiter – sein biologisches neuronales Netz trainiert sich jeden Tag auf den Daten der aus der näheren Umgebung (Kassel) auf es einströmenden Eindrücke, trainiert sich später auf dem Bücherregal meiner Eltern, etc. Die Amiga 500 Rechner, auf denen ich in den späten 1980ern gelegentlich bei Freunden spiele, haben 16/32-bit Motorola 68000 Chips und laufen bei 7 Millionen Operationen pro Sekunde (7.16 MHz).

20 Jahre nach 1977 ist mein Gehirn schon ziemlich ausgereift. Es wächst jetzt nicht mehr weiter, steckt in seinen Schranken fest.[138] Die Prozessor- und Rechnerarchitekturen hingegen ...

... die wachsen weiter, nicht wahr? Da ist kein Halten. Die nichtbiologische denkende Substanz ist eben nicht mehr durch die Begrenzungen deines oder irgendeines Schädelknochens eingeschränkt. Sie entfaltet sich frei in Lagerhallen, wuchert nach ihrem eigenen Naturgesetz. Das ist eine unglaubliche morphologische Macht, die da nicht zuletzt im fast grotesken Schrumpfen der Geräte sichtbar wird, sie wie zusammengezogene Reste einer Intensivierung übriglässt: was ein Jahrzehnt zuvor Supercomputer war, ist jetzt ein iPhone (2007).

2016 und 2018 kommen dann unsere Kids zur Welt und *ihr* Gehirn-Wachstum geht los. Kurz darauf eure.

Ja. Und in den 2020er Jahren – ungefähr in der Mitte meines Lebens: ich habe schon viele Nervenzellen verloren und graue Haare –, kommen auch die nichtbiologischen neuronalen Netze zur Welt. Bzw. gab es solche Netze schon vorher, aber den großen Sprung machen sie erst, nachdem 2017 die sog. Transformer-Netzwerkarchitektur entwickelt wurde.[139] 2023 bestehen diese Netze bereits Uni Aufnahmeprüfungen und Examen, zu denen normalerweise um die Jahrtausendwende geborene biologische Menschen und nicht 5 Jahre alte Maschinensysteme antreten ...

... so dass die Leserïnnen dieses Buchs keine Ahnung mehr haben, von wem es eigentlich geschrieben wurde. Welche Stellen klingen noch nach GPT, und welche nicht mehr?

Zugleich kommt dieser ganze Vorgang der Entbiologisierung der Intelligenz – deswegen ist er unstoppbar – immer mehr im Format eines Rüstungswettlaufs daher: zwischen großen Technologieunternehmen,[140] aber vor allem zwischen den Tech-Staat-Konglomeraten USA und China.[141] Ich erwähne das, weil es einmal mehr eine extrem zeitempfindliche Konstellation ist, bei der *wenige Monate oder Jahre* an Vorsprung politische und ökonomische Vormachtstellungen auf lange hin zementieren können. Und dieses Involvieren und Intensivieren, dieses Zittern der Zeit beschäftigt mich sehr.

Mich auch. Aber ich will versuchen, alles nochmal zusammenzubinden.

Moores Law, das all dem (neben anderen Faktoren) ja zu Grunde liegt, beschreibt einen morphologischen Prozess der Transistoren-Verkleinerung. Nach jetzigem Stand wird dieser Prozess wahrscheinlich in den 2030er Jahren zum Ende kommen.[142] Denn man kann die Transistoren nicht endlos verkleinern, ohne in quantenmechanische Effekte zu rennen, die weitere Verkleinerung verhindern. Dem Physiker James Powell zufolge endet die naturgeschichtliche Episode, die Moores Law beschreibt, exakt 2036 (da bin ich erst um die 60 und habe noch einige Jahrzehnte vor mir).[143]

Mein Punkt ist: Moores Law kommt hier zu einem objektiven Ende. Das liegt in der Natur der Dinge. Es ist ein Teil seiner Naturgesetzlichkeit. Der Vorgang endet, so wie schon der Prozess der Kambrischen Explosion, wo die Evolution nach 25 Millionen Jahren dann einfach fertig war mit der Erkundung möglicher Körperpläne für Vielzeller.[144] Nur dass es in einem Jahr *meines* Lebens passiert.

D. h., mit dem Älterwerden wandeln wir hinein in eine neue ›Flora und Fauna‹ des Denkens, eine sich verändernde Materialität des Geistes auf der Erde – fast unmerklich. Die Käfer und die Affen im Zoo denken noch so wie vorher, und ihre und unsere Embryogenesen wiederholen statisch immer nur wieder denselben Prozess. Auch dein und mein Gehirn ist seit den 1990ern dasselbe, nicht einmal die Zellen werden mehr erneuert, verfallen nur noch. Doch überall – auf meinem

Schreibtisch (Macbook), in den Lagerhallen der Cloud, den Rechenzentren, etc. – gibt es diese vitalen Veränderungen, diese neuen ›Blüten‹: neue Faltungen oder Entfaltungen der – aus Tagebau-Kratern und unterirdischen Gangsystemen fließenden – Materie der Erde in neue materielle Formen und Zusammensetzungen.

Es sind aber auch, und das erscheint mir wichtig, neue *temporale* Faltungen der Erde. Nicht wahr, die Server-Farmen sind eigentlich Zeit-Enklaven? In denen parallele Prozesse so schnell ablaufen, dass die Feuerungsrate meiner Neuronen, wenn ich auf dem Gehweg in der Sonne an ihnen vorbeispaziere, dagegen wie ein dumpfer, langsamer Rhythmus in Zeitlupe daherkommt.

Vielleicht ist diese temporale Faltung wirklich ein Schlüsselmerkmal von Transition 9; auf jeden Fall ist sie die Quintessenz der *Entbiologisierung der kollektiven Intelligenz*. Denn es ist der Vorgang, der viele andere Prozesse wie ein Zeit-Staubsauger aus einer potenziell viel längeren Dauer und Periode in unsere Lebenszeit saugt, hineinzieht, kontrahiert.

Case in point: Gensequenzierung. Mein Genom umfasst etwa 20.000 Gene mit insgesamt rund 3 Milliarden Basenpaaren. 1973, im Jahr meiner Geburt, ist das menschliche Genom noch weitgehend opak, ein undurchsichtiges Etwas. Bis 17 Jahre vor meiner Geburt war die Grundstruktur der DNA überhaupt unbekannt, man wusste nichts von C-G-A-T. Nun gehe ich in den 1980ern und 1990ern in Wien in die Schule, und währenddessen tut sich etwas. Die Sequenzierungsmaschinen des Human Genome Projekts sammeln sich in Lagerhäusern an und beginnen 1990 mit ihrer unermüdlichen Sequenzierungsarbeit. Ich sitze in der Schule von der 1. bis zur 6. Stunde, und währenddessen wird dort sequenziert; über viele Monate, während ich mich verliebe und meine erste Freundin habe. 13 Jahre später, ich sitze inzwischen an meiner Dissertation in Paris, ist es soweit: 2003 ist das erste menschliche Genom vollständig sequenziert.

Unterdessen war aber 1998 ein weiterer Spieler ins große Sequenzierungsbusiness eingestiegen, Craig Venters Unternehmen Celera Genomics, und legte seine Ergebnisse im selben Jahr (2003) vor. Statt 13 brauchte Celera nur 5 Jahre für die Sequenzierung.

2022 dauert die Sequenzierung eines menschlichen Genoms noch 5h22m.[145] Das und der extreme Preisverfall sind Effekte von Moores Law.[146]

Das ist auf jeden Fall eine Art Benchmark-Vorgang. Er ist aber, würde ich meinen, nicht selbst schon die naturgeschichtliche Entfaltung, die hier in Rede steht. Das wäre doch eher so etwas wie die *Emergenz post-evolutionärer biologischer Formen* auf dem Weg des *genetic engineering*. Dieser Vorgang ist mit der Analytik der DNA – wenn auch nicht primär der menschlichen – verschränkt, aber nicht identisch. Auch hier gibt es ein delikates Timing: Bei deiner Zeugung im September 1972 haben sich die Gameten auf der Erde noch nach dem Zufallsprinzip kombiniert – in einem Vorgang, der, sage ich mal, in 1,2 Milliarden Jahren Geschichte der Sexualität mehr oder weniger identisch abgelaufen ist, bei Dinosauriern, Ursäugern oder Fruchtfliegen (auch wenn menschliche Züchterinnen seit 11.000 Jahren bewusst oder unbewusst teils schon erhebliche Beschleunigungen in den Prozess eingeführt haben).

Dann kommt 1973: In dem Jahr entsteht das erste transgene Lebewesen – ein Bakterium. Fünf Jahre später gibt es dann schon gentechnisch erzeugtes Insulin. In deinem zehnten Jahr entsteht die erste transgene Pflanze, 1984 folgen die ersten transgenen Mäuse, im Jahr drauf die ersten Kühe, usw.

Point taken. *Genetic engineering* ist *ein neues naturgeschichtliches Prinzip im Biologischen*. Es erzeugt nie dagewesene biologische Formen, bringt ein neues ›Reich‹ biologischer Organismen hervor. Die werden umso zahlreicher und vielgestaltiger, je älter wir werden. Es werden mit jedem Jahrzehnt und jedem Jahr mehr.

Die Evolution hat bis auf weiteres ausgedient als hauptsächliche morphologische Quelle neuer Organismen.

Aber das ist überhaupt nur die *eine* große Mutation des Biologischen, die wir in unserem Leben gesehen haben werden. Eine andere besteht darin, dass zum Organismusprinzip zunehmend neue, nicht-organismische Formen lebendiger Materie treten – mit Deleuze/Guattari könnte man vom *Organloswerden von Fleisch und Geweben* sprechen. Dabei erzeugt man Gewebe außerhalb der Organismen, entlastet die Organismen von der Gewebeproduktion.

Du meinst künstliches Fleisch?

Ja. 2013 gab es in Maastricht für 300.000 Euro die erste *in vitro* erzeugte Rinderboulette.

Klingt wie ein Witz.

Ist es aber nicht. Seit diesem Jahr (2023) darf man in den USA In-Vitro-Fleisch kommerziell vertreiben.[147] Das steht alles erst ganz am Anfang. Dazu kommt das *tissue engineering* für medizinische Zwecke.

Du meinst wirklich, das Organlos-Werden ist ein naturgeschichtlicher Vorgang ersten Ranges?

Absolut. Jedenfalls nach Maßgabe des Umfangs, in dem es die herkömmliche, durch den Organismus, den Tierkörper verlaufende Fleischproduktion verdrängt – ich hoffe völlig. Lass uns das bis 2067/68 im Blick behalten.

Ok, dann lass uns doch jetzt ... –

Und was wir bis dahin noch im Blick behalten sollten ...

... ich ahne es schon ...

... ist die junge Geschichte der Kernfusion. Hier bereitet sich seit dem neuen Jahrtausend in ersten Modellprojekten der *naturgeschichtliche Vorgang* des *Ingangsetzens des Sternenprozesses auf dem Planeten* vor. Einen Stern auf einem Planeten zu entzünden, ist ja, was Kernfusion ist. 2022 wurde in einem Forschungsreaktor der *National Ignition Facility* erstmals so viel Energie gewonnen, wie man reingesteckt hatte (*break even*).[148] 2035 ist das Europäische Projekt ITER operationsbereit. 2060 werden wir ...

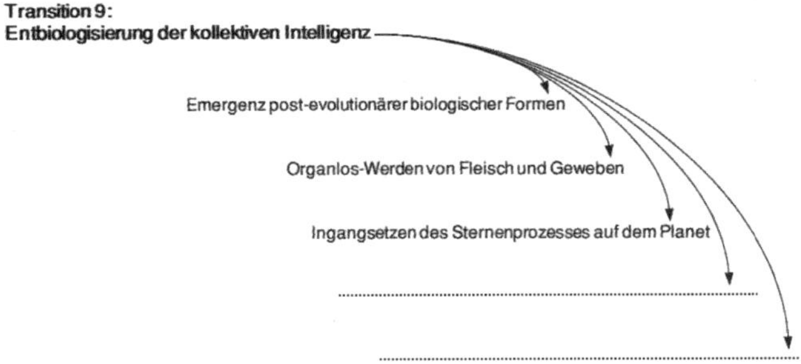

Das wird sich alles zeigen. Was ich doch nur sagen wollte, war: Wir wollen hier verstehen, wie es aussieht, wenn Naturgeschichte unseren Biografien innerlich wird.

›Innerlich‹ heißt aber nicht einfach: Wir verwenden unsere Biografien als Zeitleiste, um Prozesse wie KI-Evolution zu visualisieren. Denn diese Prozesse laufen nicht einfach nur *in* unseren Biografen ab. Sie lassen deren Ablauf, temporale Gestalt, nicht unangetastet. Vielmehr greifen sie in den Verlauf unserer Biografien ein – in Weisen und über Mechanismen, die am Anfang dieser Biografen noch gar nicht vorhanden waren.

Eine Ahnung davon nistet in den Ängsten mit Bezug darauf, wie KI die Arbeitsbiografien von Millionen Leuten nicht aufhören wird zu verändern, und zwar egal wie weit sie schon stecken in ihrem Lebenslauf. Unsere Biografien entfalten sich nicht unter konstanten, sondern unter dynamischen Randbedingungen rapider naturgeschichtlicher Transformation. Deren Dynamiken bedingen den Ablauf unseres Lebens: Möglichkeiten, die eben noch nicht da waren, öffnen sich, Möglichkeiten, die eben noch da waren, verschwinden. Für einzelne nicht anders als ganze Branchen.

> In den 2010er Jahren verdiene ich mir Geld als Übersetzer dazu. In den 2020ern sind die Rechnerleistungen und Rechnerarchitekturen so weit, Übersetzung zu automatisieren – was jetzt?

Ja, und Akademikerïnnen befürchten, dass sie mit von Chat GPT geschriebenen Hausarbeiten betrogen werden, statt sich zu fragen, was das überhaupt über ihre Lehre und Prüfungsleistungen oder die Überprüfung von Wissen sagt. Schau mal, was Steven Shaviro gestern oder vorgestern, warte mal, also was er am 13. Mai auf Facebook gepostet hat: »The common fear among teachers is that AI is actually writing our essays for us, but that isn't what happens. You can hand ChatGPT a prompt and ask it for a finished product, but you'll probably get an essay with a very general claim, middle-school-level sentence structure, and half as many words as you wanted. The more effective, and increasingly popular, strategy is to have the AI walk you through the writing process step by step. You tell the algorithm what your topic is and ask for a central claim, then have it give you an outline to argue this claim. Depending on the topic, you might even be able to have it write each paragraph the outline calls for, one by one, then rewrite them yourself to make them flow better.« Also wenn die Studierenden die KI einmal so gut benutzen, dann brauchen sie uns Professorïnnen wirklich nicht mehr. Auf der anderen Seite, Lyrik wirst du weiterhin übersetzen können.

Die Unübersetzbarkeit der Dichtung durch Maschinen ist ein romantisch-nationalistischer Glaubensartikel – damit hab' ich nix zu tun!

Lass uns stattdessen nochmal rauszoomen.

In der Bugwelle der anhebenden 9. Evolutionären Transition, und ausgelöst durch sie, kommt es nämlich auch zu *erdsystemischen* Veränderungen in unserer Lebenszeit, die unseren Biografien ebenfalls auf dramatische Weise innerlich sind. Das sich monatlich steigernde ppm CO2, die alle 12 Jahre um eine Milliarde wachsende Weltbevölkerung, der Strom an extrahierten, in erdumspannende Bewegung versetzten Materialien und Bodenschätzen seit 1973/1977 und die dynamische Entfaltung der mit ihnen verbundenen Prozesse greifen in die Gestalt unserer Biografien ein und verändern den Lebenslauf von Leuten, zum Beispiel indem der Klimawandel, der am Beginn ihrer Berufstätigkeit vielleicht noch nicht so prononciert war, 10 oder 20 Jahre später so ausgeprägt ist, dass er ihre Branche zerstört, oder ihre Lebensgrundlage, und sie zur Emigration zwingt. Und dies umso mehr, je später sie geboren sind.[149]

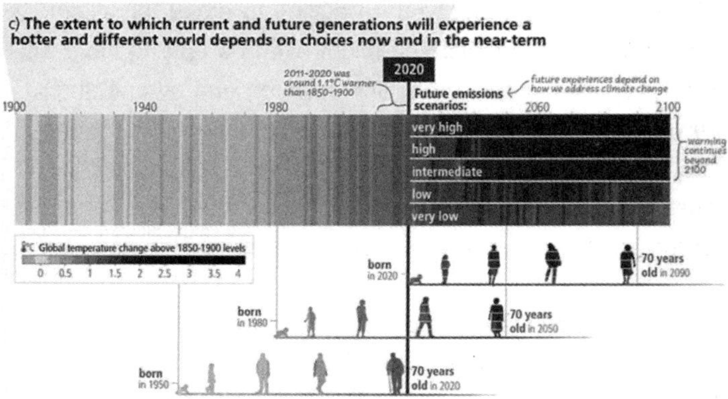

Die naturgeschichtlichen Transformationen bringen Unordnung in biografische Muster.[150] Das müssen wir vollkommen realisieren: Planetarität – die Naturgeschichte dieses Planeten und ihre Gründe – findet nicht auf irgendeiner anderen räumlichen oder zeitlichen Skala statt! Planetarität ist unmittelbar im Inneren unserer Leben am Werk: Unsere Biografien sind kein stabiler Rahmen oder sicherer Beobachtungsposten der in ihnen ablaufenden Naturgeschichte – sie werden von ihr verformt.

Die biografischen Abläufe werden mehr und mehr naturgeschichtlich überschrieben. Das bringt uns zu einem anderen Sprechen über uns selbst. Bisher galt ganz selbstverständlich: zuerst war ich ein Kindergartenkind, dann ein Schulkind, dann ein Student oder Auszubildender, dann ein Berufstätiger, dann ein Pensionist. Mittlerweile gilt:

Mein Leben prä- und post-iPhone
Vor und nach GPT-4.
Vor und nach einer mRNA-Vakzine.
Vor und nach Klimakrieg X.
Etc.

So muss ich über mich nachdenken und sprechen, seit meine biografische Geschichte zugleich eine planetarische oder Erdgeschichte geworden ist.

Ja, und so kommen wir – glaube ich – dem auf die Spur, was ich vorher Disfigurierung nannte. Weil mein Körper und mein Leben als Betrachter dieses Prozesses seltsam in die Länge gezogen werden.

Stell dir vor, ich wäre bei der Geburt eines Sterns dabei; ich hätte eine Jahrmillionen währende Präsenz als Beobachter bei diesem Stück Tiefenzeit, existierte chronisch so lange – wie als interstellarer Staub, wie in der Körper- und Wahrnehmungsform interstellaren Staubs.

Wenn nun ein äquivalenter Prozess (wie die technische Evolution von Fusionsreaktoren) in wenigen Jahrzehnten, und als von mir wirklich beobachtet, abläuft, fetzt es meine Beobachterposition auseinander – ich werde dann quasi auch zu diesem Staub.

Ein SmartDust[151] der anderen Art.

Auch die Emergenz von Intelligenz oder Nervensystemen in biologischer Materie ist ein Geschehen in ultra-langsamer, wie glazialer, Tiefenzeit. Nun beobachten wir aber die Emergenz von Intelligenz in nichtbiologischer Materie innerhalb weniger Jahrzehnte unseres Lebens (im selben Zeitmaßstab, in dem sich unser eigenes Gehirn *bootet*). Wieder glaubt mein Körper, er würde einen ultra-langsamen Prozess beobachten, eine Beobachterperspektive dauerhafter als jeder Mount Everest oder Meeresgraben *vis-à-vis* dieses Prozesses einnehmen: Das verformt mich, ich fühle mich ganz wattig und unwirklich.

Es fühlt sich an wie: ein unwahrscheinlicher Zeuge sein. Eine unrechtmäßige Beobachterin sein, die schon 500.000 Jahre oder so da ist. Als hätte sich die Atmosphäre im Laufe unseres Lebens mit Sauerstoff angefüllt. Das Unfassbare daran ist dies: Tiefenzeit passiert tatsächlich in unserem Leben. Was wir erleben, *ist* Tiefenzeit. Und sie läuft *in* unserem Leben ab. Tiefenzeit, aber nicht langsam, sondern rapid. *Das* ist die Verstörung, die Unlesbarkeit.

Ich stelle mir gerade vor, 300.000 Jahre transgenerationale Evolution der Steinwerkzeuge (bis zur metallurgischen Ablösung) hätten stattdessen innerhalb von 30 Jahren stattgefunden – innerhalb eines einzigen Lebens statt tausende Generationen übergreifend: In genau dieser Situation sind wir heute, wo zum Beispiel zwischen Entdeckung der DNA und vollständiger Sequenzierung des *human genome* nur 40 Jahre oder so vergehen. Da sind die seinerzeit beteiligten Jung-Forscherïnnen noch nicht mal am Ende ihrer Karriere angelangt.

Ich fühle mich kaum noch wie ein menschlicher Beobachter *angesichts dessen, was ich da sehe ...*

Das wäre also die These: es muss traumatisierend sein für das Tier, das wir sind, so etwas überhaupt mitanzusehen: eine Große Evolutionäre Transition. Um den traumatisierenden Einbruch der akzelerierten Tiefenzeit herum quillt das Individuum auf, schwebt an der Decke.

Aber warum eigentlich traumatisierend?

Sicher ist es eine Operation am offenen Geist, mit geöffneter und sich verändernder Intelligenz, aber eben keine Ausnahmesituation mehr, sondern von nun an eine – ansatzweise auch rückwirkend – reguläre Erlebnisdimension planetarischen Lebens.

Vielleicht ist ›traumatisierend‹ das falsche Wort ... Aber von ›regulär‹ kann doch auch noch keine Rede sein. Für mich ist diese Disfigurierung mit Intensitäten behaftet, die in meiner Gedankenwelt, aus vielleicht unerklärlichen Gründen, in dem Begriff der *Rotverschiebung* zusammenlaufen (dem Effekt, dass das Licht sich von uns entfernender astronomischer Objekte langwelliger, also röter wird).

Wie der sich
dehnende Raum:
Rotverschiebung

Dass das Leben mit Naturgeschichte geflutet wird, dass in ihm eine Naturgeschichte abläuft, die man in früheren Erdzeitaltern nur in Jahrmillionen hätte beobachten können, erinnert mich irgendwie an das Auseinanderdriften des Universums und die Rotverschiebung, die das bewirkt. Das sehe ich vor mir, wenn ich vom Aufquellen des Lebens rede: der ereignisgeschichtliche ›Raum‹ treibt Lebenszeit auseinander. Damit wird die Kohärenz der Selbsterfahrung und Biografie in Frage gestellt:[152]

Wie sollte einem am Ende einer Tiefenzeit-Episode erinnerlich sein, was man an deren Anfang war? Ist es dieselbe Person, die überall dabei war von Anfang bis Ende? Meine Pubertät liegt schon im Kambrium. Das ist extrem dissoziierend. Das Leben *ist lang*. Zu lang. Das Leben ist so wahnsinnig lang, es ist kaum auszuhalten.

Also zu lang würde mich persönlich gar nicht stören. Eher ist es tief oder genauer: es ist tiefenzeitlich gedehnt. Andererseits gibt es auch wieder räumliche Reterritorialisierungen oder retemporalisierende Effekte und Strategien, die diese Detemporalisierung (klassischer biografischer Zeit) konterkarieren oder re-strukturieren.

Denk an das temporale Mapping, das verräumlichende Mapping der Graphen der Hyper-Antizipation, die uns diese Tür ins Biografische überhaupt erst aufgestoßen haben. Die Schaubilder fungieren dann wieder als eine optische Klammer dieser ansonsten – wie du sagst – viel zu langen, disfigurierten Leben. Wenn Naturgeschichte das Individuierende ist, dann ergibt es Sinn, dass es die Erinnerung an ›naturgeschichtliche Momente‹ ist, die die Kontinuität der kontinuierlichen Individuation verbürgt.

Voila. Das wären die Effekte der Fusion von Tiefenzeit und biografischer Zeit.

Finden wir dafür einen Begriff?

Vielleicht, Biografische Tiefenzeit?

Gut, das ist prunkvoll. Nennen wir also Biografische Tiefenzeit die Tatsache, dass ereignisgeschichtliche Tiefenzeit der Biografie *innerlich* wird, und die Erfahrung dessen ...

... wobei das, eben, die Erfahrung einer *Disfigurierung* ist.

Im Grunde *erleiden* wir also die Effekte der Biografischen Tiefenzeit.

Und wir *genießen* sie.

Klar.

Andererseits müssen wir die Sache aber einmal komplett umdrehen.

Denn was ist Tiefenzeit? Tiefenzeit und Big History entwickeln sich hier überhaupt erst seit dem 18. Jahrhundert und sind erst in unserer Lebenszeit auf den Begriff gekommen – »Tiefenzeit« (*Deep time*) datiert auf 1981, da war ich im Kindergarten, »Big History« kommt 1989 dazu.[153]

Und ich sage bewusst ›hier‹. Denn das Universum ›da draußen‹ schwebt für sich genommen in einem ewigen Jetztzustand, in dem kein Vergehen verzeichnet wird. In diesem Sinne gibt es in ihm überhaupt keine ›time‹ – weder deep noch anders. Vielmehr braucht es planetenbasierte intelligente Zivilisationen als Zeit-Konstrukteure, die auf das tiefenzeitliche Begehren des Universums nach Wahrgenommenwerden antworten – und damit Geschichtlichkeit und dann Tiefenzeit auf der Erde und in unserer Gegenwart überhaupt real werden lassen.

Ein solches »Begehren« gibt es für meine Begriffe nicht ...

Doch – ein Lacan'sches Begehren, ebenso wie es sich um ein Lacan'sches Genießen handelt, also das ist durchaus keine ambivalenzfreie Lust oder so.

Das ist mir zu, wie soll ich sagen, psychoplanetarisch?

Wichtig ist doch: Unser Leben spielt sich weniger ›in‹ geologischer Tiefenzeit ab, als dass geologische Tiefenzeit sich ›in‹ unserer Lebenszeit in vielen Aspekten überhaupt erst als solche konstituiert – sie wächst im Verlauf unseres Lebens als immer höher aufgelöstes Bild auf uns zu.

Das kann man einfach an der Timeline ihrer Erkundung (1977-2067 bzw. 1973-2068) ablesen. Zwar kannte man bei meiner Geburt schon das Alter der Erde – während man es nur 300 Jahre vorher noch auf wenige tausend Jahre geschätzt hatte ...[154] Es gab im Bild der geologischen Zeit Anfang der 1970er Jahre aber noch keine Kambrische Explosion, keinen Kometeneinschlag von Chicxulub, auch sonst überhaupt keine *mass extinctions*, es gab keine Schneeball-Erde-Ereignisse, keine Große Sauerstoffkatastrophe (Vorgang der späten Bildung der Sauerstoffatmosphäre), keine an CO2-Level gekoppelten tiefenzeitlichen Klimafluktuationen, und vieles mehr.

Tiefenzeit hatte viel weniger Inventar.

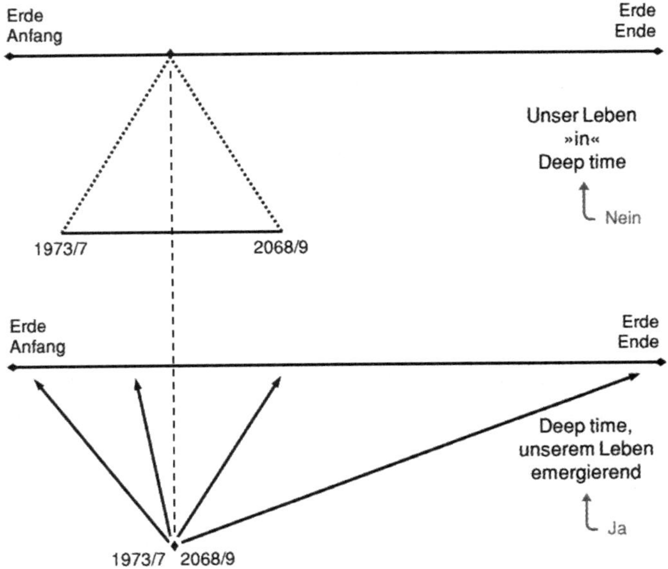

Richtig. Doch sozusagen mit jedem Schuljahr, das wir durchlaufen, füllt sich die Erdgeschichte mit fundamentalen Ereignissen an: In den 1970ern entdeckt der Physiker Luis W. Alvarez mit seinem Sohn in Italien das geologische Signal des Kometeneinschlags, der vor 66 Millionen Jahren die Zeit der Dinosaurier beendete – veröffentlicht 1980.[155]

Zwei Jahre später veröffentlichen David M. Raup und Jack Sepkoski in *Science* einen Artikel zu prähistorischen Extinktionsraten in der Meeresfauna, der die Grundlage für die inzwischen allgemein akzeptierte Beobachtung von fünf großen *Mass Extinction Events* in den letzten 500 Millionen Jahren seit der Kambrischen Explosion bildet.[156]

Die Kambrische Explosion, ihrerseits, kommt ebenfalls in den späten 1970ern mit den Fossilien-Forschungen den Paläontologen Harry B. Whittington im Kanadischen Burgess-Schiefer in die Welt (*The Burghess Shale*, 1985) und wird in den frühen 1990ern von Stephen J. Gould und anderen als Phänomen konsolidiert und popularisiert.[157]

Tiefenzeitliche Klima-CO2-Korrelation ist auch ziemlich genau seit Mitte der 1980er bekannt.[158] Und so weiter.

Zu deiner Aufzählung kommt noch die fundamentale Tatsache, dass die ersten Lebewesen gar nicht aus Sonnenlicht bzw. Fotosynthese ihre Energie bezogen, was uns erst in den 1980ern bekannt geworden ist, ohne dass mich natürlich in meiner Schulzeit oder in meinem Philosophiestudium mal jemand mit Smith-Morowitz konfrontiert hätte: »[T]he proposition that the deep history and biochemical diversity of life are carried by biota that grow from geochemistry rather than from surface exposure to sunlight is supported by a wide variety of chemical, biomolecular, cellular, and ecological observations, most of which have been systematically accumulated only within the past 40 years.«[159]

Dazu gehört, dass die frühe Erdatmosphäre keinen Sauerstoff enthielt – woher auch, es gab ja noch keine Photosynthese. Dass die Sauerstoffatmosphäre erst entstehen musste, und dass das tödlich für die meisten bis dahin existierenden Lebensformen war, hätte man vor dieser Zeit auch nicht wissen können (in den Phantasien von der guten Mutter Erde wird das heute noch ignoriert).

Der Paläontologe Preston Cloud formuliert diese Hypothese erstmals 1972, Wissenschaftlerïnnen wie Heinrich Holland arbeiten sie in der Folgezeit aus.[160] Wenige Jahre später, 1976/77, werden die ersten unterseeischen Raucher entdeckt – seit den frühen 1980ern entwickelt sich die Theorie, dies könnte das Entstehungsterrain terrestrischen Lebens vor über 4 Milliarden Jahren sein.[161]

Es ist schon krass, dass das alles in den ersten zwei, drei Jahrzehnten unseres Lebens wie aus dem Nichts emergiert. Denn vorher war es schlicht nicht da im Denken und Inventar der Welt.

Ja, und ich finde das ist eine Konnotation des Begriffs Biografische Tiefenzeit, die wir ab jetzt immer sensibel mithören müssen: Während wir erleben, wie unser Leben mit *zeitgenössischer* Tiefenzeit – Naturgeschichtlichkeit ›live‹ – geflutet wird, kommt es im Laufe unserer Biografien zugleich zur Emergenz und immer höheren Auflösung des Bildes *vergan-*

gener Tiefenzeit. Und vielleicht erst vor diesem Hintergrund können wir ja die erstere, die zeitgenössische, überhaupt als Tiefenzeit erkennen.

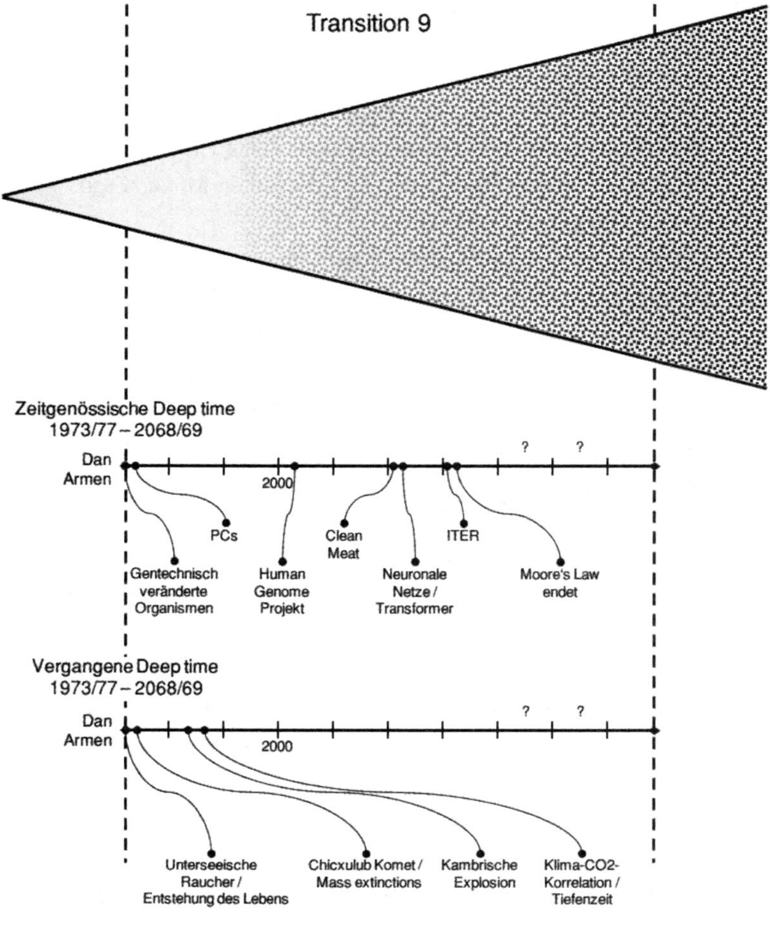

Auch in dieser Konnotation jedenfalls beschreibt der Begriff Biografische Tiefenzeit eine Form von ›Interiorisierung‹: Mehr und mehr vergangene Tiefenzeit wird unseren Leben inwendig und eingraviert.

Man könnte auch sagen: In unserer Lebenszeit wächst uns ein planetarisches Gedächtnis zu.

Das ist neu. Anders als Maurice Halbwachs – der Historiker, der immer angeführt wird, wenn es um eine Mehrzahl *kollektiver Gedächtnisse* geht, an denen wir im Laufe unseres Lebens teilnehmen – interessieren wir uns für die Emergenz eines planetarischen Gedächtnisses, dessen Entstehung rückblickend überhaupt erst in die Zeit unserer Lebenserinnerung gefallen sein wird. Dies geschieht allerdings im Anschluss an – oder in radikaler Erweiterung von – Halbwachs' Diktum, wonach es möglich ist, »daß nach einem Ereignis, das die Struktur einer Gesellschaft erschüttert, teilweise zerstört oder erneuert hat, eine neue Periode beginnt. Aber man wird dessen erst später gewahr werden, wenn tatsächlich eine neue Gesellschaft aus sich selber neue Kräfte geschöpft und sich andere Ziele gesetzt haben wird. Die Historiker dürfen diese Trennungslinie nicht ernst nehmen und nicht glauben, daß sie von jenen bemerkt wurden, die während der Jahre lebten, die sie durchqueren«.[162]

Doch wir versuchen ja gerade, sie zu bemerken, nicht wahr? So oder so liegt die planetarische Dimension von Gedächtnis bzw. ein tiefenzeitlicher Erinnerungsraum letztlich jenseits von Halbwachs' Horizont, oder?

Na ja, immerhin bringt er ja die Frage nach einer *kollektiven Zeitvorstellung* zusammen mit dem, was er die »großen astronomischen und erdphysikalischen Vorgänge«[163] nennt ...

Aber klar:

Halbwachs ist hier vor allem als Kontrastfolie interessant – um die Differenz zwischen historiografischer und naturgeschichtlicher Perspektive zu illustrieren. Ich denke dabei auch an sein Statement, wonach »die astronomischen Daten und Zeiteinteilungen [...] von den sozialen Einteilungen so verdeckt [werden], daß sie allmählich verschwinden und die Natur es mehr und mehr der Gesellschaft überläßt, die Zeitdauer zu gestalten.«[164] Das passt so gut, weil wir exakt das Umgekehrte beschreiben: die in ihnen operative naturgeschichtliche Zeit revolutioniert die Gesellschaften und zwingt unseren Biografien ihre Dauer auf.

2. Lebens-Erwartungen

Doch sind wir in der Analyse der Interiorisierung der Tiefenzeit noch nicht weit genug gegangen. Denn die Möglichkeit unserer Leben als solcher, d. h. als überhaupt in die Welt Gekommener, hängt ihrerseits von der jüngeren Naturgeschichte der Erde ab, welche erst die demografischen Möglichkeitsbedingungen unseres Lebens erzeugt – Stichwort Habitabilitätseskalation. Es ist uns oftmals gar nicht so bewusst, wie sehr unsere demografische Lage ein historisch junges Erzeugnis, sozusagen ein naturgeschichtlich-technologischer Pop-Up-Effekt ist. Wir sind auf konkrete und existenzielle Weise Produkte dieser Technosphäre, dieser erdumspannenden Infrastruktur der intelligenten Zivilisation. Die allermeisten von uns wären ohne sie gar nicht erst geboren worden. *Sie* bewirkt das moderne Bevölkerungswachstum, ohne dass wir (in dieser Zahl) nicht auf die Welt gekommen wären – zumal mit der Lebenserwartung, die wir jetzt bei Geburt haben. Ohne Technosphäre keine 8 Milliarden Leute mit durchschnittlicher Lebenserwartung von 73 Jahren. Ich habe immer so dieses Bild: Wo eben noch leere Ebenen waren – Steppe –, stehen jetzt Millionenstädte.

> Ursprünglich wurde dieser Wachstums-Effekt vor allem durch das Absenken der Kindersterblichkeit in den ersten fünf Lebensjahren erreicht, im Grunde erst seit dem 19. Jahrhundert ... Vorher lag sie praktisch überall und durchweg bei 40-50%, jetzt nur noch bei 4%.[165]

Ja, aber das ist nur ein Aspekt. Hinzu kam, dass sich Sterbeereignisse immer mehr aus den mittleren Lebensjahren in die höheren und höchsten Lebensalter verschoben haben.[166] Das war vorher anders, da hatte man im Erwachsenenalter durchgehend immer etwa dieselbe Sterbewahrscheinlichkeit; heute ist sie in den mittleren Jahrzehnten niedrig und steigt erst in höheren Jahren stark an.

Dabei hat sich die absolute biologische Lebensspanne als solche gar nicht groß verändert.[167] Was sich verändert hat, ist, wie du sagst, dass immer mehr Leute in den Genuss kommen, einen kompletten Lebenszyklus von der Geburt bis zum rein altersbedingten (sogenannten ›natürlichen‹) Tod zu durchleben. Die Streuung der Todeszeitpunkte weicht immer mehr ihrem Zusammenzug, ihrer Kontraktion, in der Altersregion des altersbedingten Todes.[168]

Das ist eine Artistik der Wegnahme: Das Erreichen dieser Region stellt sich als Summe einer Reihe von Maßnahmen dar, die den frühen Tod fortlaufend verhindern, der jederzeit eintreten könnte: Krankheit, Unfall, etc. Solche Faktoren und Ereignisse müssen immer wieder und immer weiter aktiv entfernt werden – weggenommen, beiseite geräumt werden –, damit der Körper einkehren kann ins Alter seines altersbedingten Todes (was er dann fast automatisch tut).

Also die ganze Geschichte der Entdeckung und Implementierung des Impfens – denk an die Ausrottung der Pocken –, der urbanen Abwassersysteme und Chlorierung des Trinkwassers, der Pasteurisierung der Milch, des Händewaschens, der Antibiotika, der Grünen Revolution, der öffentlichen Gesundheitssysteme und Medizintechnik, der Bestrahlungs- und Chemotherapien, der antiretroviralen Therapie, etc.

Genau, und ich würde sagen, die Vielgestaltigkeit und Mannigfaltigkeit dieser Elemente darf uns nicht täuschen: Insgesamt handelt es sich auch hier um einen präzisen morphologischen Prozess; um einen naturgeschichtlichen Wachstumsvorgang, der sich an unserem Habitat vollzieht. Der Wissenschaftsjournalist Steven Johnson formuliert das sehr schön:

»In a sense, human beings have been increasingly protected by an invisible shield, one that has been built, piece by piece, over the last few centuries, keeping us ever safer and further from death. It protects us through countless interventions, big and small...«[169]

Dieses »unsichtbare Schild«, das sich da bildet, ist eine Schutzhülle um unser Leben.

Ihr Wachstum und ihre Formung richtet sich an dem Kriterium aus, *den rein altersbedingten Tod für immer mehr Leute bereitzustellen.*

Ja. Und dieser Vorgang ist weiterhin im Gange – die Habitabilitätseskalation setzt sich fort: die Lebenserwartung steigt weiter, und – so skandalös ungleich sie insgesamt noch ist – ja nicht nur dort, wo wir das unverdiente Privileg haben zu leben, sondern weltweit.

Und ich würde behaupten, dass die Interiorisierung von Naturgeschichte in unser Leben an diesem Punkt ihren höchsten, existenziellsten Grad erreicht.

Wieso?

Weil dies ein Stück Naturgeschichte ist, das nicht nur einfach das Inventar biografischer Muster *innerhalb gegebener Lebenslängen* umstellt – wie in allen Fällen, die wir zuvor diskutiert haben –, sondern das auch die Länge unserer Biografie als solche berührt und erweitert.

Erklär das mal an Deiner Biografie.

Ok, dann fange ich wieder ganz am Anfang an. Mein Herzschlag beginnt im Embryo nach etwa 5 Wochen, an einem Tag im Frühling 1977. Am Herzschlag – daran, dass er jederzeit aussetzen könnte – erkennt man, dass das bloße Fortleben ein fragiler, ständig bedrohter Vorgang ist. Es könnte ja immer etwas dazwischentreten, zwischen das Jetzt und eine spätere Altersregion. Das Leben als Hindernislauf durch die Alter; Herzschlag für Herzschlag.

Das Territorium der nächsten Jahrzehnte des Planeten ist nur durch den fortgesetzten Herzschlag zu betreten – durch die Fortsetzung eines Lebensprozesses.

Gosh, das ist irgendwie berührend und zugleich wahnsinnig trivial ...

Aber dann kommt etwas dazwischen. 2017. Eines meiner inneren Organe entzündet sich – lebensgefährlich ...

... oh, das habe ich gar nicht so mitgekriegt.

Ja, aber davor ist etwas anderes in die Welt gekommen, das es bei meiner Geburt noch gar nicht gab.

1985 – *ich bin 7 Jahre alt und habe keine Ahnung, was später einmal passieren wird* – entwickelt ein Mediziner in Böblingen ein Operationsverfahren. Mit diesem Verfahren wird das Organ 32 Jahre später – da bin ich 39 – im Berliner Urban Krankenhaus entfernt. Andernfalls hätte ich das Jahr 2018 womöglich nicht mehr erreicht und wäre jetzt auch nicht in diesem Jahr 2023 als ›da‹ anwesend gemeldet, in dem wir dieses Gespräch führen.

Ich wäre sozusagen nicht zur Arbeit erschienen.

Ich hätte mich überhaupt nicht mehr ›einregistriert‹ ins Kontor des 2020er Jahrzehnts.

Dieses Buch gäbe es nicht – und keine Entdeckung der Biografischen Tiefenzeit.

Nein ernsthaft, diese Rettung ist meiner Verletzlichkeit *überhaupt erst im Verlauf meines Lebens* zugewachsen: Bei meiner Geburt war die Welt noch leer davon. Doch ist sie innerhalb meines Lebens noch rechtzeitig vor dem Eintreten der Erkrankung erstanden und erlaubt es mir jetzt, Dir gegenüber zu sitzen.

Spuk.

Naja, ich würde sagen, es ist ein delikates Timing – eine existenzielle Jonglage –, dass dieses Hindernis beiseite geräumt und so ein paar Jahre oder Jahrzehnte als betretbar freigeräumt, mir weitere Lebensjahre freigeschaltet hat: es dem Herz erlaubt, weiter zu schlagen.

> Paradigmatisch hierfür ist das Szenario, bei dem eine an einer unheilbaren Krankheit erkrankte Person eine Stiftung gründet zur Erforschung dieser Krankheit und möglicher Medikationen, oder an laufenden Tests neuer Behandlungsmethoden teilnimmt. Sagen wir mal, diese werden in der Zukunft wirksam werden. Die Person hat aber nur noch Jahre, oder Monate, oder Wochen zu leben. Dann überkreuzen sich zwei Timelines: Kommt die Medikamenten-Wirksamkeit *noch gerade eben rechtzeitig* vor dem Tod, um der Person ein Paket weiterer Lebensjahre freizuschalten? Oder verpasst sie diese Entwicklung um Tage, Wochen, Monate, Jahre?

Hier läuft alles zusammen: Self-bootstrapping – sich an den eigenen Schnürsenkeln wie Münchhausen aus dem Sumpf ziehen – im Register des bloßen Nochdaseins. Eine Art Zaubertrick.

> Ja, und so konstruiert es klingt, dieses Szenario ist kein makabrer Sonderfall. Schau mal, ich hab' hier bei dem Rückversicherer Swiss Re ein – hypothetisches aber nicht unplausibles – Diagramm gefunden,[170] dass die Zukunft pharmazeutischer und medizintechnischer Innovationen auf eine Zeitleiste der nächsten Jahre und Jahrzehnte (gerechnet von 2023) aufträgt. Sehr hübsch:

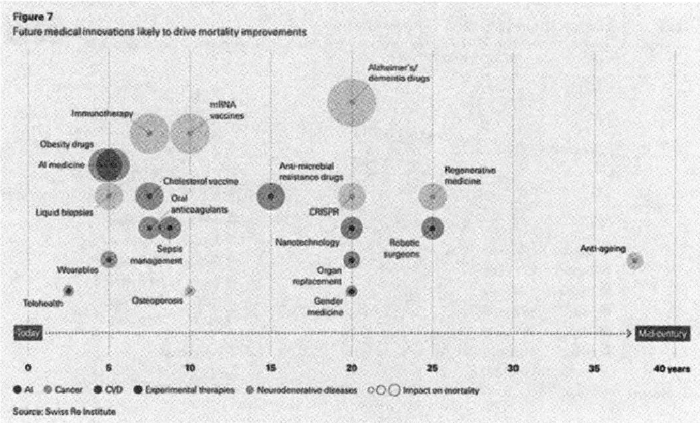

Für Menschen, deren längerfristiges Weiterleben von diesen Techniken abhängt, welche erst in der Zukunft real werden, geht es darum, sich ›noch eben so‹ in diese jeweilige Zukunft zu ›retten‹, um dort dann weitere Lebensjahre freischalten zu können.

Auch das ist Habitabilitätseskalation in ihrem Vollzug. Die Medizin- und Pharmaziegeschichte seit unseren Geburten 1973/77 ist voll von solchen Fällen, nicht wahr? In der Summe steigt durch diesen, in unserem Leben stattfindenden Prozess der Perfektionierung jener Schutzhülle unsere Lebenserwartung mit jedem Jahr, das wir weiterleben, ein wenig an – und ich meine *substanziell*, d. h. über den rein statistischen Effekt hinaus, dass die persönliche Lebenserwartung umso höher ist, je höher das erreichte Alter. Jetzt gebe ich dir auch noch ein Schaubild:

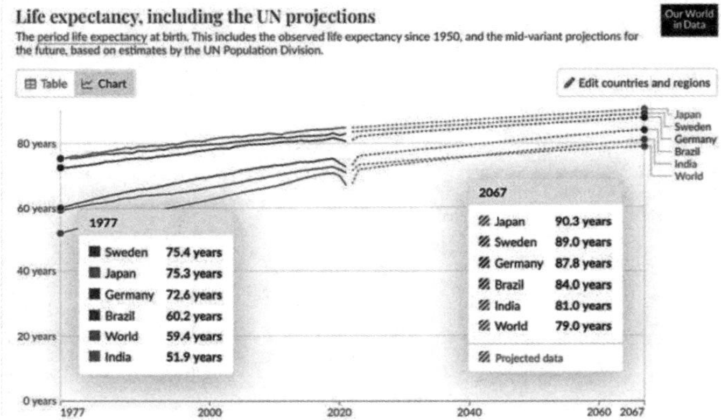

Beziehe ich diesen Zugewinn (in Deutschland) von 15 Jahren Lebenserwartung zwischen 1977 und 2067 auf mein eigenes Leben, dann gilt: ich gewinne pro 12 gelebten Monaten 2 Monate an Lebenserwartung hinzu, die ich vorher nicht hatte. Das ist doch heftig. Zumal gibt es ein seltsam tautologisches Moment im Betrachten dieser Grafik: was ich auf ihre sehe, bedingt, wie lange ich sie überhaupt ansehen kann. Zugleich handelt es sich schlicht um einen Vorgang, der den modernen Anstieg der Lebenserwartung fortsetzt.

> Die menschliche Lebenserwartungs-Eskalation ist ein noch viel zu selten zur Kenntnis genommenes Hauptprodukt der jüngeren Naturgeschichte. Philosophisch, also jenseits einer deskriptiven Soziologie der Moderne, ist ihre Bedeutung noch unverstanden.

Leicht zu übersehen ist zumal, dass diese demografischen Effekte unmittelbar mit der Frage autobiografischer Selbstbeschreibung verknüpft sind.

Ja, das demografische Vertreiben des Todes aus Kindheit und Lebensmitte, ein ›Rechnenkönnen‹ mit einer gewissen Lebenslänge, ist laut Soziologen wie Martin Kohli eine Voraussetzung für das Entstehen des Lebenslaufs – eines bestimmten Lebensablaufs – als ›Institution‹,[171] d. h. als eines relativ standardisierten und in vieler Hinsicht auch mit normativer Kraft unterlegten sozialen Tatbestands, den wir seit dem 19. Jahrhundert kennen. Hiermit verknüpft war dann auch das Auftauchen von Selbsttechniken wie dem Tagebuchschreiben und literarischen Formen wie der Autobiografie – deren später Abkömmling, die Autofiktion, uns heute allerorten begegnet. Denken wir in dieser Linie weiter, erkennen wir, dass die beschriebene demografische Situation *weiterhin und umso mehr vorausgesetzt ist*, wenn wir jetzt über Subjektivierung durch Planetarität im Blick auf die Zeitleisten der Hyper-Antizipation sprechen.

Du meinst, weil wir hier ständig wie selbstverständlich davon ausgehen – aber realistisch auch davon ausgehen können – sagen wir die 2050er, 2060er Jahre zu erreichen? Weil wir schlicht keinen Zweifel daran haben?

Ja, in der Betrachtung der Klimaprognosen und im Verzeichnen des eigenen Sterbedatums ist bereits eine Art Grundvertrauen am Werk: dass sich der Todeszeitpunkt in der Höhe der gängigen Lebenserwartung befinden wird. Der Life-Expectancy-Ticker, der ständig mitläuft – auch in den Diagrammen hier im Buch –, der ›count‹ und ›count-down‹: die Zahl der Lebenstage, gelebt; die Zahl der Lebenstage, die uns bleiben. Wir können über die Zahl der vor uns liegenden Tage besser Auskunft geben als jede vor uns liegende Generation.

Und wir tun das auch andauernd. Wäre das nicht der Fall, würde sich hier auch gar kein ›Raum‹ auftun. Ohne diese Annahme würde sich mit Blick auf die Diagramme keinerlei *Geräumigkeitseffekt hinsichtlich der nächsten Jahrzehnte* einstellen – es gäbe kein Mapping und Transparentmachen von irgendwas. Die Zukunft hätte nicht die ›territoriale‹ Qualität, die sie jetzt für uns hat. Die Materialität des Weiterlebens und die Subjektivierungsform Planetarität hängen also zusammen.

Ok., d. h. über das heroisch vorauslaufende Ganzseinkönnen eines Lebens im eingangs angesprochenen Heidegger'schen Sinne hinaus ist hier die Annahme einer gewissen *Normalbiografie* im Spiel, auf die man bauen kann.

Normalbiografie Global North.

Könnte man so sagen. Doch diese Normalbiografie ist ihrerseits eine Spezialform. Sie ist zeitlich spezifisch – ein Produkt von Moderne und Großer Beschleunigung. Sie ist aber vor allem auch geografisch und sozial spezifisch – also zu diesem Zeitpunkt nicht allen 8 Milliarden Zeitgenossïnnen gleichermaßen gegeben.

Und dass diese Spezialform ›Normalbiografie Global North‹ nicht allen gegeben ist, ist mehr als nur ein weiteres Skandalon unter anderen.

Nein, aus planetarischer Sicht ist es sogar *das* politische Problem. Denn Planetarität ist, sagten wir, ein Zeitbegriff. Einen Planeten bewohnen heißt, das Territorium seiner kommenden Jahrzehnte bewohnen. In diesem Territorium spielen deshalb auch alle politischen Themenstellungen und Konflikte. Das hatten wir schon im Zusammenhang von Hyper-Antizipation als Gouvernementalität verhandelt mit der Frage: wer modelliert die Szenarien, und welches der modellierten Szenarien wird (kollektiv) angesteuert, und wem nützt oder schadet das jeweils, und wie? Und müssen wir, um von solchen Fragen betroffen sein zu können, nicht in einem kommenden Jahrzehnt *überhaupt noch anwesend sein*?

Anwesenheit aber wird über Lebenserwartung reguliert.

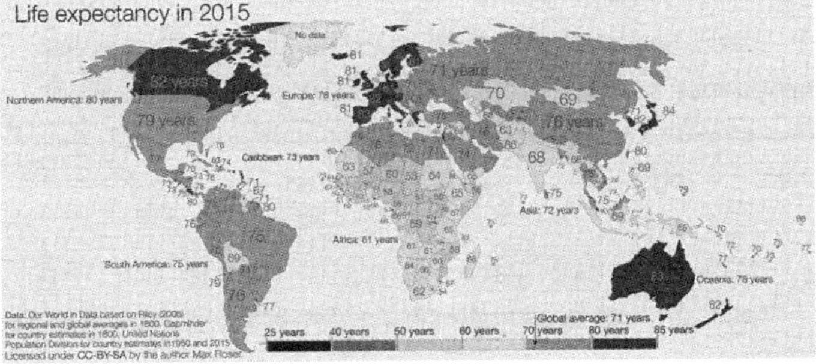

Die Weltkarte der Lebenserwartungen ... Es ist gar nicht so leicht, sie nicht immer wieder platt räumlich zu betrachten. Doch ist es ja die Weltkarte der temporalen Horizonte (je) einer Generation der Weltbevölkerung, d. h. eine mindestens ebenso sehr zeitliche wie eine räumliche Gestalt.

Ich würde sagen: Die temporale Gestalt, die dieser Topologie der Ungleichheit korrespondiert, ist die Morphologie der Biografien, die sie produziert. In gewissem Sinne signifikanter als der Ort – zum Beispiel Jakarta, oder Jaba im Südsudan, oder Zürich, wo wir gerade zusammensitzen – ist die zeitliche Gestalt, die aus ihm erwächst. Im Sinne der Morphologien der Biografien, die sich dort entspinnen – mit ihren Mustern, Phasen, Wendungen, etc.

Biografische Morphologien von radikal unterschiedlicher Gestalt.

Und unterschiedlicher Länge: 30 Jahre liegen in dem Schaubild zwischen den Ländern mit der niedrigsten und jenen mit der höchsten Lebenserwartung. Und da sind die Differenzen an Lebenserwartung innerhalb all dieser Länder, die ja meist mit Formen sozialer Undurchlässigkeit (Klassengesellschaft) und strukturellem Rassismus zusammenhängen, noch gar nicht mit abgebildet.

Das ist so extrem. Das existenziellste Register aller Gerechtigkeitsfragen bestimmt sich an der Frage dieses *nackten*

Fortlebens. Die Ungleichheit in der Lebenserwartung ist nicht mehr länger hinzunehmen, und alle für sie verantwortlichen ökonomischen, politischen, klimatechnischen Gründe sind darum ethisch und politisch verwerflich.

Ja. Zwar wächst die Lebenserwartung ausweislich der UN-Daten für *alle* Regionen an und die Differenz wird geringer. Aber sie verschwindet nicht.

Und da ist übrigens die Weise, wie die Klimaerwärmung in diese Wachstumstrends eingreift, noch gar nicht berücksichtigt ...

Es ist erstaunlich, wie wenig Forschung zu den Lebenserwartungs-Effekten der Erwärmung betrieben wird, soweit ich das überblicke. Zu deren allgemeinen Gesundheitseffekten gibt es viel – zum Beispiel das Flagship-Projekt »The Lancet Countdown: Tracking Progress on Health and Climate Change«[172] –, hier und da auch Forschungen zu Lebenserwartungen in wärmeren vs. kühleren Klimaten (alle anderen Faktoren rausgerechnet).[173]

Aber zu dem absehbaren Szenario, dass die Klimaerwärmung in den nächsten Jahrzehnten diejenigen am meisten Lebenserwartung kosten wird, die jetzt schon am wenigsten davon haben, bzw. entsprechende Wachstumstrends der Lebenserwartung hier am stärksten dämpft: dazu habe ich wenig gefunden.[174]

Ungleiche Lebenserwartung ist aber nicht nur eine untererforschte, sondern auch eine massiv untertheoretisierte Form der Ungleichheit. Vielleicht weil sie so ungewohnt ist? Ungewohnt zunächst, weil sie im zeitlichen Medium spielt. Sie verzeitlicht die politischen Nomoi. Vor allem aber: sie zieht die Ungleichheitsfrage ins Metaphysische – spielt ja nicht rein im Inneren der physischen Welt (als von uns wahrgenommen), sondern berührt genau die Frage des Noch-Vorkommens in der physischen Welt, oder eben nicht.

Das ist eine exotische Variante der gewöhnlichen Frage nach gleichem *access*, Zugang.

So exotisch dann auch wieder nicht. Denn wir denken uns Altersregionen – wie der Name schon sagt – als *Territorien*. Dann gilt: Manche Leute bekommen jetzt (durch fortgesetzten Herzschlag) Zugang zu den höher oder entfernter gelegenen Gebieten, manche nicht. Manche bekommen Zugang zu einem ›Land‹, zu dem anderen der Zugang verwehrt bleibt. Nur dass es eben das existenziellste Land ist, das Land der bloßen Existenz.

Das Land des Noch-Daseins (in einem bestimmten Alters-Bracket, d. h. in einer bestimmten Zukunft).

Das Land ist eine bestimmte Zukunft der Erde.

Ja, es geht um Zugang (oder nicht) zu naturgeschichtlichen Zukünften des Planeten.

3. *Rotverschiebung*: Höchstes Alter = höchste Zukünftigkeit

Vielleicht ist das der Punkt, wo wir zum Anfang zurückkehren können, wo ich sagte: Die Grafik der Hyper-Antizipation enthält meinen Todeszeitpunkt; ich bin mit dem dort gezeigten Szenario, und allgemeiner mit der Naturgeschichte der Erde (der nächsten Jahrzehnte) in absoluter Weise verknüpft. Denn die in der Grafik kenntlich werdende ›Ganzheit‹ unserer Biografien – wenn wir in ihnen gedanklich zum Ende vorlaufen – war ja nur ein erster Fingerzeig auf die existenzielle Nullmobilität *vis-à-vis* der Grafik, die wir jetzt besser qualifizieren können.

> Ok, was hatten wir? Zum einen – und sozusagen die Szene unseres Lebens bereitend – speist sich Nullmobilität aus der Tatsache, dass erst die demografische Situation der Moderne überhaupt die Möglichkeit unserer Existenz enthielt. Wir hätten niemals in eine Welt hineingeboren werden können, in der wir kein Bevölkerungswachstum und keinen fossilen Kapitalismus, keinen Klimawandel, etc. beobachten ...

Das ist das sog. Anthropische Prinzip.[175]

> Ja, und zweitens beruht die Nullmobilität darauf, dass diese Naturgeschichte uns nicht nur in die Welt spuckt und es dann gut sein lässt, sondern im Inneren unserer Biografien weitergeht, ihren Ablauf dominiert, sie neu gliedert und – das be-

sprachen wir eben – beeinflusst, wie lange wir überhaupt weiterleben.

Existenzielle Nullmobilität heißt:

Wir gehören (zu) einem bestimmten Zustand der Erde – restlos und vorbehaltslos.

Die Erde ist das Zugrundeliegende, das Sub-jekt, zu dem wir gehören.

Statt uns maximal vom Hintergrund abzuheben und heroisch zu vereinzeln – wie es bei Heidegger war –, schreibt die aus der Hyper-Antizipation geborene Sicht auf biografische Ganzheit uns ganz in den planetarischen Hintergrund (das Sub-jekt) und seine Bewegung ein.

Vielleicht könnten wir von hier aus noch eine dritte Konnotation des Begriffs Biografische Tiefenzeit ansteuern – nämlich Tiefenzeit als *biografisch im Sinne von individuierend.* Biografische Tiefenzeit hieße demnach: Die Weise, wie unsere Biografien an ihre Stelle in der Tiefenzeit der Naturgeschichte ›genagelt‹ sind, und wie Tiefenzeit in ihnen abläuft, individuiert sie – macht unsere Biografien zu dem, was sie sind, macht ihr Eigenstes aus.

Individuation durch Naturgeschichte.

Durch Transition 9. Genau.

Ok, lass uns dem nachspüren.

Wenn wir durch Naturgeschichte individuiert werden, dann sind wir *die*, und werden immer *die* gewesen sein, die den Prozess der beginnenden Entbiologisierung der Intelligenz bezeugt haben – sich in ihrer Gegenwart aufgehalten haben –, oder das Wachstum der ersten Generation von Fusionsreaktoren. Das wäre jedenfalls der Claim des Begriffs Biografische Tiefenzeit, zu sagen: *Dies* ist unser eigenstes und intimstes Individuationsmerkmal. Nichts sagt mehr oder Tieferes von uns aus.

Eine ziemlich externalistische Konzeption von Individuation: dass Individuation hier dann nicht von innen, durch Selbstbildung, selbstbestimmte biografische Entfaltung erfolgen soll, sondern von außen, durch ein Bezeugen, im Grunde durch ein pures *Sein-bei-...*

Es *ist* auch seltsam, aber eben nicht präzedenzlos. Denn als Modus der Selbstbeschreibung erinnert das externalistische Modell der Biografischen Tiefenzeit an die Anfänge des (auto-)biografischen Denkens und Schreibens als Selbstpraxis.

Hä?

Ja, schau mal, hier ist ein etwas technisch formulierter Text von Martin Kohli – aber diesen Abschnitt fand ich sehr aufschlussreich genau zu der Frage. Er schreibt: »Unter strukturgeschichtlichen Gesichtspunkten lässt sich [im frühen 18. Jahrhundert] ein zentraler Wandel feststellen, nämlich von einer *»annalistischen«* Konzeption, in der das Leben seine Struktur aus der Abfolge von äußeren historischen oder jahreszeitlichen Ereignissen gewinnt, zu einer *entwicklungsgeschichtlichen,* die um das eigene und vom eigenen Ich organisiert ist. In Zeitbegriffen bedeutet dies eine Verlagerung von *historischer bzw. jahreszeitlich-naturaler Zeit* als Verlaufsachse für das Leben, über das berichtet wird, zur *Zeit des individuellen Lebens* selber. Im ersten Fall ist das Individuum in eine Sequenz von überindividuell bestimmten und nur nach einer überindividuellen Logik verbundenen Situationen gestellt, im zweiten konstituiert es ein eigenständiges Ablauf- bzw. Entwicklungsprogramm.«[176] Die Biografische Tiefenzeit markiert, würde ich sagen, genau ein *Wiederauftauchen* der »naturalen Zeit als Verlaufsachse für das Leben« – nur dass diese naturale Zeit jetzt weniger zyklisch (jahreszeitlich) ist, als dass sie sich ekstatisch in den Möglichkeitsraum der Erde bohrt. Und die resultierenden »überindividuell bestimmten« morphologischen Trajektorien sind es, die uns individuieren, indem wir sie bezeugen.

Die Idee des Bezeugens passt wirklich, auch das Individuiertwerden durch pures *Sein-bei-* ...

Das hat für mich sowas wie wenn wir am Wachsen einer Pflanze oder dem Bau von Pyramiden als Zeugen partizipieren. Ich starre auf das Ding in seinem morphologischen Prozess. Die um den Erdball wachsende intelligente ›Kruste‹, welche die Technosphäre ist. Das individuiert mich wie ein *Bann*. Ich kann mich nicht abwenden – und selbst wenn es ein schreckliches Ding ist (wie die Klimakrise und viele andere Katastrophen, auf die wir gebannt starren). Ich halte mich dort auf, denn ich *muss* das Wachstum dieses Bauwerks sehen – Naturgeschichte ist ein irgendwie ausgezeichnetes Bauwerk, das definiert, was Gegenwart ist, und das mir meinen Namen gibt.

»*Ich* bin *die* Person, die das *gesehen* hat.«

Ja, und ich kann es nicht mehr vergessen, ungesehen machen, jetzt definiert es mich.

Statt Psyche, Erde im Kopf. Ihre Annalen sind unser Eigenstes: *Autobiografie = Planetografie*.

Das ist das Planet-Werden der Autobiografie, wie wir früher mit Deleuze/Guattari gesagt hätten.

Das ist radikaler Externalismus ...

... und individuiert uns auch als Philosophen oder Forscherinnen, die ja nicht einfach über planetarische Zeit im Abstrakten schreiben, sondern präzise historisch situiert in einer Zeit des Wachstums diverser radikal neuer Technologien und astrobiologischer Erkenntnisse, die wir zuallererst philosophisch bezeugen wollen oder müssen, oder können. Ich bin mir nicht sicher, welches Modalverb da am besten passt, aber es ist doch ein genuin philosophisches Begehren, die

Emergenz des Planetarischen zu bezeugen. Kein Planetendenken ohne Bezeugen von Planetenlebenszeit.

Ja, es ist eine philosophische und spirituelle Tätigkeit.

Nein – oder lass uns das jedenfalls später streichen, das mit dem Spirituellen ... Ich meine, wir driften ohnedies schon langsam ab ...

Sehe ich nicht so. Im Bezeugen der Entfaltung des Seienden, welches ein Planet ist, liegt geradezu die höchste Würde eines philosophischen Lebens. Diese Würde blendet ins Spirituelle. Planeten sind inhumane Kugel-Gottheiten – das kann gerne unter meinem Namen stehenbleiben, wenn wir das abtippen!

Namen kommen raus, Du hast dir ja eh schon zweimal selbst geantwortet ... Planeten sind inhumane Kugel-Gottheiten, sagst Du also – so im Sinne von Spinozas *deus sive planetus*?[177]

Ja, es gibt im Universum gar nichts *Würdigeres* zu betrachten als die Selbstentfaltung dieser Gottheiten – nirgendwo passiert mehr mit der Materie, nirgendwo erwächst mehr wundervolle Struktur, nichts im Universum ist *beseelter*. Das reduziert sich auch nicht auf die eine Gaia – die eine Mutter Erde –, sondern konstituiert einen veritablen planetarischen Polytheismus. Gaia steht im Plural – es sind der Erden viele.

Sie (astrobiologisch) zu bezeugen – Planeten, aus denen wir hervorgegangen sind und die uns bald wieder schlucken –, konstituiert eine spirituelle Dimension, die in einem so vieldiskutierten Werk wie Martin Hägglunds atheistischem Traktat *This Life*[178] seltsamerweise fehlt; zu der sich jeder Atheismus aber unbedingt aufschwingen muss.

Planeten bezeugen – derweil wir altern.

Ja, genau, das ist entscheidend. Denn in diesem Bezeugen steckt eine Spanne, eine Zeitlichkeit drin, die aufs Ganze einer Lebenszeit geht, eine Zeitlichkeit, die deshalb mit einer existenziellen Immobilität gegenüber dem Bezeugten einhergeht.

Da ist wieder die Nullmobilität.

Ja. Die Philosophie betrachtet traditionell Kognition, Denken, als ›höchstes‹ menschliches Vermögen. Aber das kann nicht heißen, im Verlauf eines Lebens möglichst große Wissensmengen dieses und jenes betreffend anzusammeln – als sei das Gewusste optional und man könnte sich darin frei bewegen. Das ist nicht wie beim Googeln oder wie beim Herumspringen zwischen verschiedenen Buchprojekten. Eher schon so wie bei Forscherïnnen, die generationale oder intergenerationale Prozesse in einer Gesellschaft untersuchen und daher ihre menschlichen Untersuchungsobjekte *durch deren ganzes Leben hindurch* verfolgen, so dass unterdessen auch das Leben der Forscherïnnen ganz abläuft. Jeder

Forschungsprozess erstreckt sich bis zum Lebensende der Forscherïn wie des Objekts. Man hat hier keinerlei Mobilität – hat nur *einen* shot. Der Einsatz ist immer der *eines ganzen* Forscherïnnenlebens.

Dies ist der philosophisch entscheidende Vorgang: Die Entfaltung der Naturgeschichte der Erde *live* bezeugen – jetzt, wo sie *in* unserem Leben stattfindet, uns die Erde so ›nah‹ wie nie ist. Die Hyper-Antizipation und die von ihr verzeichneten Erd-Zukünfte sind deshalb hier nur der (allerdings entscheidende) Ausgangspunkt. Denn wir *leben ja hinein* in die antizipierte Welt, nicht wahr? Und dann bezeugen mit den Jahren, wie die Serie möglicher zukünftiger Erden, welche die Modelle der Hyper-Antizipation uns vorführten, sich zu dem *einen* Pfad individuiert, den sie schlussendlich durch den Möglichkeitsraum nimmt.

Und ich würde sogar noch weiter gehen und sagen: Bereits unser bloßes Überleben in ein Jahr oder Jahrzehnt hinein (als Effekt des naturgeschichtlichen Werdens der Medizin) ist ein Bezeugen.

Hier ist das bloße Noch-Dasein das Bezeugen, besteht das Bezeugen im bloßen Noch-Dasein als Zeugïn bzw. Beobachterïn (die Beobachterïn bezeugt ihr eigenes Dasein *durch* ihr Noch-Dasein).

Hier ist das bloße Fortwähren in ein Jahr, einen nächsten Frühling, schon die Tatsache, die bezeugt wird (indem sie *gegeben* ist).

Das klingt einigermaßen esoterisch, erinnert mich aber an eine Stelle in Jeremy Sherman, *Neither Ghost nor Machine*, wo es heißt: »[T]he highest moral aim is keeping selves self-regenerating. As far as we know, life doesn't mean anything to the universe. ... make the meaning, and if we were to make a meaning that most of us could agree on, it might be that the meaning of life is not to end it«.[179] Was auch immer »Bedeutung des Lebens« hier genauer heißt ... Fest steht, dass wir umso mehr von dem Pfad der Erde durch ihren Möglichkeitsraum sehen, je älter wir werden. Von heute aus gesagt gilt deshalb: je älter wir werden, desto mehr zukünftige Naturgeschichte der Erde können wir in unser Bezeugen hineinnehmen.

Auch unter diesem Gesichtspunkt müssen wir der Markierung des politischen Verbrechens, der metaphysischen Ungerechtigkeit insistieren, die die Ungleichheit in der Lebenserwartung heute darstellt.

Denn das planetarische Anrecht auf die höchsten Altersstufen, d. h. auf einen rein altersbedingten Tod, ist das Recht auf das Individuiertwerden durch sie.

Ohne höchstes Alter kann ich meine Individuation auf dieser Erde gar nicht voll ›einlösen‹.

Wir sagen: In der Gegenwart eines naturgeschichtlichen Ereignisses sich aufzuhalten, seine Zeug'in zu sein – *das* ist es, was uns individuiert. Nehmen wir an, das Ereignis liegt in den 2040er Jahren. Dann konstituiert der Umstand, es nicht zu erleben, obwohl man bis dahin hätte überleben *können* – wie andere der eigenen Generation mit höherer Lebenserwartung –, eine Verletzung des Rechts auf Individuiertwerden durch das naturgeschichtliche Event.

Ja! Dann bleibe ich sozusagen von meiner naturgeschichtlichen Potenzialität abgeschnitten. Das ist buchstäblich so, als würde mir der Zugang zu einem Land verwehrt, *in dem mein eigener Name liegt.*

Es ist, als könnte man sich seinen Namen nicht abholen.

Als wäre man gezwungen, seine Individualität an der Garderobe hängen zu lassen.

Die Biografie kann sich nicht ausschreiben ...

Daher die Forderung: Gleiches Recht auf Partizipation an der planetarischen Würde für alle Angehörigen eines Jahrgangs! Gleiches Recht auf Zugang zu den höchsten Graden von Zukünftigkeit (per Lebenserwartung), die innerhalb eines Jahrgangs überhaupt möglich sind!

Ich stelle mir jetzt vor, wie Kant heute wieder fragen würde, was es heißt, sich im Denken zu orientieren, also im planetarischen Denken und damit in planetarischer Zeit ... Er müsste das eine Weltbürgerïnnenschaft *in der Zeit* nennen, und Marx würde es einen planetarischen Kommunismus nennen mit gleicher Partizipation am Planeten *going forward* für alle.

D. h. auch gleiche Partizipation *am Altern.*

Hierin steckt eine Querstellung oder kontraintuitive Überkreuzung, die zu selten wahrgenommen wird: Die zunehmende Zukünftigkeit der Erde, ihr eskalierender Futurismus, ist assoziiert mit dem Prozess unseres Älterwerdens, der zunehmenden Einkehr in die Fragilität: Der alte Körper ist sichtbar gemartert vom sich in ihm anstauenden Schrott der Zellreplikationen, von den Kopierfehlern, die den Körperzellen immer mehr Spezifik nehmen ... Querstellung heißt: Die Runzeln, der gebeugte Gang, die Schwäche und die Vergesslichkeit *sind Zukunftszeichen*.

Unser Altern ist ein Signum der vertieften, intensivierten Zukünftigkeit der Erde. Und es ist ein Signum der intensivierten Rotverschiebung unserer Biografien – wie du es oben nanntest: in den späten Jahren hat sich schon so viel Naturgeschichte in unsere Biografie gedrängt, und es drängt sich weiterhin immer mehr dort hinein.

Denn zwar wird es im hohen und höchsten Alter immer unwahrscheinlicher, das nächste Jahr, den nächsten Monat, die nächste Woche zu erreichen. Zugleich erlangen wir mit jedem Jahr, Monat, und Woche, *die wir erreichen*, eine immer entferntere Zukunft. Das gilt insbesondere, wenn naturgeschichtliche Vorgänge – wie, in Aspekten, Transition 9 – *exponentiell* ablaufen: Wenn also die Spanne eines späteren Monats uns noch viel tiefer in den Möglichkeitsraum der Erde führt als die Spanne eines früheren Monats.[180]

Wie Altern selbst ein exponentielles Phänomen ist (wir altern im Alter immer schneller), so bedeutet in Exponentialität hinein zu altern, dass ich in einem Monat meines 80. Jahres eine viel rapidere naturgeschichtliche Dynamik bezeuge als in einem Monat meines 8. oder 28. Jahres.

Die Rotverschiebung ist von Anfang an in unserem Leben wirksam – wir leben seit Geburt in Tiefenzeit –, aber das hohe Alter ist in dieser Hinsicht besonders dynamisch, besonders dissoziativ. Während es auf sein Ende hinläuft, wird ein Leben mit umso größeren Mengen Tiefenzeit geflutet, welche den biografisch-planetografischen Raum – das Gebälk der letzten Jahre und Monate unseres Lebens – umso stärker auseinandertreibt. Die Spätphasen eines Lebens driften rotverschoben immer schneller von den früheren Phasen und den Anfängen fort, deren ›Licht‹ kaum noch herüberdringt. Das Alter ist weggedriftet, wird immer und immer futuristischer.

Die Phänomenologie der höchsten Zukünftigkeit – so wie sie für ein Leben überhaupt nur sein kann – ist die Phänomenologie des höchsten Alters, der größten Hinfälligkeit eines Körpers.

Je schwächer du schon bist, je mehr du wegdriftest, desto größer die Zukünftigkeit, desto machtvoller die nichtbiologische Intelligenz, die dich in deinen späten Lebenstagen berührt – in Form der avancierten Medizintechnik, die deinen Körper jetzt immer häufiger umgibt.

Die Zukunft wächst aufs Altern zu: das kann die der äußersten Rotverschiebung abgerungene neue Medikation sein, die dir weitere Monate oder Wochen schenkt, oder die Robotik, die sich in deinen letzten Tagen und Minuten sorgend ›über dich beugt‹, deinen Körper umstellt wie einen zerbrechlichen Kultplatz.

Das Begehren nach Zukunft und Zukünftigkeit ist das Begehren nach Alter.

Rotverschiebung:
Höchstes Alter = höchste Zukünftigkeit.

Gute Gleichung.

Hier ist noch eine:
Höchste Zukünftigkeit = höchste Wahrheit.
Denn so melancholisch uns das stimmen mag:
Die spätere ist die wahrere Erde.

Die Wahrheit der Erde liegt in der Zukunft, nicht in der Vergangenheit; nicht in einer vergangenen Natur, nicht in der Kindheit, oder sonst etwas Vorhergehendem.

Nein – ihrer größte Wahrheit begegnen wir in dem, was sie im spätesten Moment unseres Lebens enthüllt.

Du meinst, der Wahrheit *über* die Erde (und was sie vermag), die erst nach und nach ans Licht kommt?

Ja. Denn die letztendliche Frage der Astrobiologie ist ja nicht: Gibt es andere Planeten wie die Erde im Universum?

Sondern: Was vermag ein Planet?

Welche Ereignisse, Morphologien oder Strukturen kann ein Planet in diesem Universum aus sich bilden?

Die Frage steckt schon im Allgemeinen Planetenmodell, als seine Apotheose: *Was ist das Äußerste, das ein Planet vermag*? Was ist seine äußerste Möglichkeit*?*

Trivialerweise ist wahr, dass ich darüber am Ende meines Lebens mehr weiß als am Anfang. Doch was *hier* möglich ist, ist a priori auch in der ins Unendliche gehenden Serie von Exoplaneten möglich. Das ist die letzte Konsequenz aus dem Kopernikanischen Prinzip – aus der astrobiologischen Serialisierung der Erde.

Das erinnert mich an das bekannte Zitat von Deleuze, wo er mit Spinoza feststellt: »aber wir wissen nicht einmal, was der Körper alles vermag.«[181]

Wissen wir an unserem letzten Tag – am Punkt unserer höchsten Zukünftigkeit – was unser Körper vermochte?

Schau, unser Todestag ist jetzt im Diagramm (S. 91) verzeichnet: wir werden mit ihm beiseitegelegt.

Der Planet geht den Weg in seine Wahrheit – und die Wahrheit aller Planeten – weiter.

Was er vermag, wissen wir nicht.

EPILOG: NATURPHILOSOPHIE 4.0

Planetarisch denken ist ebenso wenig eine normative Forderung, wie die politische Gestaltung des emergenten Dispositivs der Hyper-Antizipation, das unser zukünftiges Handeln leiten könnte und sollte, ein aus ›reiner Vernunft‹ geschöpfter kategorischer Imperativ wäre. Die mit dem Planetaritätsbegriff verbundene radikale Transformation philosophischen Denkens konstituiert vielmehr die – *dare we say so* – Erfüllung eines Begehrens, das genaugenommen so alt ist wie die Philosophie – und damit die Naturphilosophie – selbst. Denn darum drehte sich dieses Projekt: die Herausarbeitung der Konturen einer Naturphilosophie auf der Höhe astrobiologischen Planetendenkens. An zwei neuralgischen Punkten wollen wir abschließend nachvollziehen, was das bedeutet.

(1) Ein Aspekt ist die naturphilosophische Grundproblematik der Trennung von Subjekt und Objekt in der Erkenntnis von Natur. Die Frage lautet traditionell nicht nur, wie wir Natur denken, sondern damit zugleich auch, wer sie denkt. Die für dieses Buch titelgebende Fügung *Planeten Denken* löst in ihrer doppelten Lesart von *genitivus subjectivus* und *genitivus objectivus* die ebenso antiquierte wie modernistische Unterscheidung von Subjekt und Objekt auf. Planeten Denken findet auf diesem Planeten statt – und zwar diesseits der Unterscheidung eines uns eigenen Denkens des Planeten einerseits und dem Selberdenken des Planeten andererseits. Solche noch in einer naiven Moderne verankerten Trennungswünsche lösen sich im Diskurs des Planeta-

rischen auf. »Das Planetarische macht sich also in Gestalt des Gefühls bemerkbar, dass zwischen dem Globalen – im Wesentlichen Modernisierung – und dem Planeten ein Konflikt besteht«,[182] so Bruno Latour. Dadurch eröffnet sich eine unschätzbare Chance »to rethink the ontological infrastructure of modernity, with its sharp distinction between human things, natural things and technical things«.[183]

Astrobiologisch informiert bestand dieses Neudenken der ontologischen Infrastruktur für uns in der Erkenntnis von Wissensprozessen und -infrastrukturen selbst als neuen Natureigenschaften des Planeten bzw. als zentralen Operatoren seiner weiteren naturgeschichtlichen Entfaltung. Wendet sich das Denken heute der zeitgenössischen Naturgeschichte zu, nimmt es somit sich selbst zum Gegenstand. Denn Wissen prägt den Planeten, und entsprechend müssen und können die Wissensinfrastrukturen (Sensoren, Satelliten, Künstliche Intelligenzen zur Auswertung von Klimadaten, etc.) in einem tieferen Sinne auf ein Denken des Planetarischen bezogen werden. Die beiden Seiten können ja gar nicht (mehr) getrennt werden.

Damit behaupten wir nicht, dass diese Infrastrukturen sich ihrer naturgeschichtlichen Positionalität immer bewusst wären, oder dass sie in ihrem Zuschnitt besonders geeignet wären zur Navigation des vor unseren Augen ablaufenden naturgeschichtlichen Ereignissturms. Das ist beides nicht der Fall. Mehr »Wissen über die Dynamiken des Erdsystems und die Folgen der menschlichen Eingriffe in diese Dynamiken« könnte Jürgen Renn zufolge vielmehr nur unter der Bedingung einer *flexiblen Technologie der Wissensrepräsentation* erzeugt werden, also nach einer »Überwindung der gegenwärtigen Abschottung wissenschaftlicher Erkenntnisse voneinander«.[184] Letzteres beruht auf institutionellen Trennungen, die nicht einfach eine Begleiterscheinung eines verengten Wissenschaftsverständnisses sind, sondern Symptome einer die Moderne insgesamt kennzeichnenden Trennung nicht nur von Kultur und Natur, sondern eben auch Kultur- und Naturwissenschaften. Mit andauernden problematischen Folgen: Denn bei weitem noch nicht ausreichend verstanden ist das – speziell mit Blick auf die Fortsetzung und mögliche Verlaufsformen von Transition 9 relevante – Potenzial der evolutionären Auswirkungen solcher *planetary sociotechnical systems*. Diese verweisen darauf, was Jürgen Renn als *Koevolution sozialer und mentaler Strukturen* auf den Begriff gebracht hat, denn, so Sheila Jasanoff, »Wissen und seine materiellen Verkörperungen sind die Produkte von gesellschaftlicher Arbeit und zugleich konstitutiv für die Formen des gesellschaftlichen Lebens. Die Gesellschaft kann genauso wenig ohne Wissen funktionieren, wie Wissen ohne geeignete gesellschaftliche Formen der Unterstützung bestehen kann.«[185]

(2) Ein anderer neuralgischer Punkt der Naturphilosophie betrifft die Frage nach der Teleologie, also der möglichen Zielgerichtetheit und Zweckhaftigkeit des Naturprozesses. Einem wissenschaftshistorischen und philosophiegeschichtlichen Gemeinplatz zufolge hat diese Frage zur neuzeitlichen Trennung von empirischer Naturwissenschaft und spekulativer (Natur-)Philosophie geführt:

> In the divorce settlement three hundred years ago, when natural philosophy separated from philosophy, taking the name natural science, philosophy got to keep the mystery of purpose. Natural scientists expected that science would get along just fine without having a solution to it.[186]

In Wahrheit ist aber die historische Konstellation viel komplexer (vgl. »serious misunderstandings of the history of science«[187]) und die Frage nach der Teleologie taucht auch heute unter anderem in astrobiologischen Debatten wieder auf. Das zeugt von der Hartnäckigkeit, mit der sich die vermeintlich längst verabschiedeten großen Themen der Naturphilosophie weiterhin stellen – für Naturwissenschaftlerïnnen generell, und für alle, die sich mit der Entstehung des Lebens oder außerirdischen Lebensformen beschäftigen.[188] So ist nicht zu übersehen, dass nicht nur in populäreren Wissenschaftsdarstellungen eine – freilich immer wieder anders und neu konzeptualisierte – Teleologie stets dann eine Renaissance feiert, wenn ein tieferes Verständnis planetarischer Evolution angestrebt wird. »It is the teleological nature of the universe that creates a cosmic context that instills life with meaning and purpose, and that purpose is to suffuse the cosmos with intelligence and experience by thriving, multiplying, and expanding«,[189] weswegen eine neu gewonnene oder gesteigerte self- bzw. meta-awareness planetarischer Intelligenz uns zu einem kosmischen Imperativ machen soll: »You are not a cosmic accident. You are a cosmic imperative.«[190]

Symptomatisch für das erstaunlich vitale Nachleben der Teleologie sind auch die scheiternden Versuche, konzeptionelle

Unterscheidungen zu treffen bzw. die damit verbundenen begriffliche Verwirrungen unter Kontrolle zu bringen: das betrifft die im naturwissenschaftlichen Kontext selbst versuchte Trennung zwischen (klassisch-naturphilosophisch hypostasierter) Teleologie und (naturwissenschaftlich begründeter) Teleonomie (»teleonomy means the impression of purpose resulting solely from the laws of nature«[191]) oder Zusatzunterscheidungen wie derjenigen zwischen directed und self-directed, also eigenen Zwecken (*purpose*) folgend.

Direktionalität und Intimität

Beide Diskussionsstränge und ihre Aporien bestätigen für uns das Erfordernis einer neuen Naturphilosophie aus dem Geist der Astrobiologie. Und wir meinen: Heute, nach der Verabschiedung aller naiven Annahmen über eine stabile, ursprüngliche, im Gleichgewicht befindliche Natur durch die *Major Evolutionary Transitions*-Theorie ist eine ernstzunehmende Naturphilosophie auch wieder möglich, statt einen unterwürfigen Gestus der (Natur-)Philosophie – von der *ancilla theologiae* zur *ancilla scientiae* – bis in alle Ewigkeit zu wiederholen. Dies verdankt sich keiner Rückbesinnung auf irgendwelche Eigentümlichkeiten einer *philosophia perennis*, sondern umgekehrt gerade der Öffnung hin zu neuen naturwissenschaftlich informierten Perspektiven, mittels derer sich die Philosophie ebenso an der Aufhebung disziplinärer Grenzen beteiligt, wie sie ihr lange unterdrücktes oder nur mit schlechtem Gewissen (oder auch einfach nur schlecht) befolgtes Begehren erfüllt; und zwar mittels einer rückhaltlosen und durchgängigen Verzeitlichung ihrer zentralen Operatoren, Methoden und Gegenstände – exemplarisch in der Pluralisierung und Serialisierung ihres Objekts: den Planeten.

Mindestens in zweifacher Hinsicht ist Planetarität heute bevorzugter Gegenstand naturphilosophischen Nachdenkens. Mit Benjamin Bratton gesprochen: »planetarity that is, first, revealed as the precondition of any philosophy and, second, the name of the project before us as we contemplate how to preserve, curate and extend complex life«, wobei beide Aspekte nicht voneinander zu trennen sind. Zudem haben in der Einleitung darauf hingewiesen, dass zahlreiche theoretische oder philosophische Ansätze im Diskursfeld Planetarität bis dato darunter leiden, dass sie glauben, auf ein naturwissenschaftliches bzw. genauer: astrobiologisches Verständnis von Planeten verzichten zu können. Diese Leerstelle kann präzisiert und generalisiert werden: Was fehlte, war und ist eine Naturphilosophie auf der Höhe zeitgenössischer Einsichten in (die Evolution von) Leben und seine planetarische Prozessualität. Doch gerade diese temporalisierte Natur ist Gegenstand einer Naturphilosophie 4.0, die einen astrobiologisch fundierten Umgang mit den naturphilosophischen Schlüsselmotiven wie ›Unendlichkeit‹, ›Pluralität von Welten‹, ›Leben auf anderen Planeten‹ etc. findet, wie sie nicht nur in allen prägnanten Stadien historischer Naturphilosophie vorhanden, sondern geradezu deren Treiber oder Katalysator waren.

Das gilt schon exemplarisch für die *Antike Naturphilosophie 1.0*, die Aristoteles in Unterscheidung zur Metaphysik und Mathematik etabliert. In seinen naturphilosophischen Schriften *Über den Himmel* (peri uranú), *Über Werden und Vergehen* (*peri geneseôs kai phthoras*), oder zur Meteorologie diskutiert er ein entsprechend breites Spektrum an – in heutigem Sprachgebrauch – physikalischen und astronomischen Themen.[192] Auch nach der Abkehr von dem durch die aristotelische Scholastik geprägten Weltbild in der frühen Neuzeit, bleibt *Neuzeitliche Naturphilosophie 2.0* von einem spekulativen Begehren geprägt, das Verhältnis von mathematisch geprägten exakten oder Laborwissenschaften mit philosophischem Nachdenken über Natur neu zu konturieren. Niemand hat das für unsere Fragestellung deutlicher ausgesprochen als Francis Bacon, *der* Wegbereiter empiristischer Naturwissenschaft, demzufolge eine »reine« Naturphilosophie erst noch zu entwickeln sei: »Eine reine Naturphilosophie findet man bisher nicht, sie ist angesteckt und verdorben: in der Schule des Aristoteles durch die Logik, in der Schule Platons durch die natürliche Theologie«, weswegen erst »von einer reinen und unvermengten Naturphilosophie Besseres zu erwarten (ist)«.[193]

Wir dürfen uns also nicht davon täuschen lassen, wenn die wechselseitige Wahlverwandtschaft oder Affinität von Natur-Philosophie und -Wissenschaft eine (lange) Zeit lang vergessen wurde, besonders in einem im 19. und 20. Jahrhundert hegemonialen modernen Wissenschaftsdispositiv. Das betrifft vor allem die *Moderne Naturphilosophie 3.0* im Zuge der sogenannten *Second Scientific* Revolution um 1800, als sich nicht nur diverse neue naturwissenschaftliche Disziplinen (Biologie, Geologie) etablieren und die Bedeutung anderer (Chemie, Physik) massiv verschieben, sondern sich im Selbstverständnis ihrer Vertreter die mit der neuzeitlichen Emanzipation begonnene Trennung von Naturwissenschaften und Naturphilosophie vollendet.[194] Naturphilosophie droht in dieser Zeit zu einer akademischen Philologie oder (wissenschaftstheoretischen) Hilfsdisziplin zu verkümmern: der Analyse unterschiedlicher historischer Naturbegriffe und Bedingungen der Möglichkeit einzig relevanter Natur*wissenschaft*.

Mit dieser Selbstdegradierung ist jetzt Schluss. Naturphilosophie 4.0 konstituiert sich neu, und zwar nicht nur vermittels einer *neuen Erkenntnis der planetarisch-naturgeschichtlichen Positionalität des Denkens* (s. o.). Dazu kommt ein *Verständnis von Direktionalität* – der Begriff wird oft als Alternative zur historisch diskreditierten Teleologie verwendet –, als ein quantitativ-optischer Effekt der unermesslichen und zutiefst kontraintuitiven Größe der astrobiologischen Serie habitabler Planeten: was im kleineren Planeten-Sample als Direktionalität erscheint, ist im Ganzen der Serie als bloße Verkettung von Zufällen erkennbar – und vice versa. Direktionalität ja oder nein: ein klassisches Scheinproblem.

Ein bloßes Scheinproblem ist daher auch die Frage, ob etwa planetarische Evolution *zum Zweck* der Produktion intelligenter Zivilisationen erfolgte, ob unsere Existenz der *Sinn* der Entstehung so vieler habitabler Planeten in diesem Universum sei, etc. Umgekehrt wird astrobiologisch jedoch deutlich, dass und in welchem Sinne intelligente Zivilisationen – wie die von *Homo sapiens*, der wir angehören – keine ontologische Aberrationen auf den sie hervorbringenden Planeten sind.

Intelligente Zivilisationen sind im vollen Wortsinn *planetarische* Erscheinungen. Damit ist nicht oder nur in einem akzidentellen Sinne ausgedrückt, sie seien ›erdumspannende‹ Erscheinungen. ›Planetarisch‹ sagt man von etwas, von dem man meint: Es liegt in der Natur von Planeten, so etwas hervorbringen zu können. Und sei es nur auf *einem* in einer Serie von Milliarden erdähnlichen Planeten. Und sei es erst, nachdem sich dieser Planet Milliarden Jahre durch eine Naturgeschichte voller Wechselfälle gearbeitet hat. Es liegt in ihrem Wesen – auf Basis aller Kontingenz in der Serie. Es steckt im Möglichkeitsraum ›Planet‹, den zu beschreiben das Projekt des Allgemeinen Planetenmodells der Astrobiologie ist. ›Planetarisch‹ heißt: Planeten zugehörig. Unsere intelligente Zivilisation gehört zu diesem Planet.

Zugleich versteht Naturphilosophie 4.0, dass naturgeschichtliche Tiefenzeit – die Eigenzeit von Planeten – gegenüber der Zeit der Angehörigen intelligenter Zivilisationen keineswegs immer ›unendlich langsam‹ sein muss. Für die Gegenwart der Großen Beschleunigung, die wir bekanntlich als Indiz für das Beginnen einer 9. Evolutionären Transition interpretieren, ist stattdessen ein Ineinandergreifen von naturgeschichtlich-planetarischer und biografischer Zeit zu verzeichnen. Dieses ist für unser Zeitalter der rasanten technologischen und wissenschaftlichen Akzeleration ebenso paradigmatisch, wie seine ethischen und politischen Implikationen noch zu verstehen sind.

Planetarität ist kein Objekt, das vor uns steht, sondern eine Kraft, die im Inneren unserer Leben wirksam ist, während wir unsere Biografien konstruieren.

So führt die astrobiologische Serialisierung und Temporalisierung der Erde weniger zur Entrückung dieses Planeten in die Ferne astronomischer Objekte (wie Bruno Latour annahm) oder in die Tiefe der Zeit seit den Anfängen (wie es bei Dipesh Chakrabarty anklang), als dass sie uns mit ihm in ein Verhältnis der ontologischen Vertraulichkeit, der Zugehörigkeit und lebensgeschichtlichen Interiorität setzt – als einzelne Lebende ebenso wie als Zivilisation oder Spezies.

Planetarität ist fast ein Synonym von Intimität.

Dieser Planet

Planetarität-als-Intimität stellt die Serialisierung der Erde (wie oben S. 51 angedeutet) in einen scharfen Gegensatz zu Imaginarien des Erde-Verlassens: als sei die Erde für uns ein beliebiges und leicht durch andere eintauschbares Exemplar aus der astrobiologischen Serie.

Damit zielen wir einerseits auf ebenso prominente wie karikaturhafte Projekte wie »Occupy Mars«, bei denen Milliardär:innen sich darüber den Kopf zerbrechen, wie sie rechtzeitig vor dem angeblichen Unbewohnbarwerden der Erde Raumkolonien für die Auswanderung einiger weniger Privilegierter konstruieren können. Doch nicht nur wird die Erde in Anbetracht der rezenten Habitabilitätseskalation aber bis auf Weiteres nicht schlechthin unbewohnbar (selbst wenn die Effekte des Klimawandels so drastisch ausfallen wie zu befürchten steht!). Letztlich ist sogar noch eine Kritik solcher Auswanderungs-Projekte, die darauf abstellt, bei den Weltraumkolonien handele es sich absehbar doch bloß um zukünftige Enklaven der Superreichen, eine Form ideologischer Verbrämung, eine Nebelkerze. Denn Kolonien dieser

Art werden (über zum Scheitern verurteilte Modellprojekte hinaus) niemals Wirklichkeit sein. Das hat nicht zuletzt mit dem zu tun, was uns als eigentliches Problem erscheint und von jener Kritik überdeckt wird: mit der Tatsache, dass es ein solches *terraforming by and for the super-rich* schon längst gibt – nur eben *auf dieser Erde hier* – denken wir an all die neuseeländischen Bunker, Gated Communities und privaten Sicherheitsdienste, Steuerparadiese, Jachten und Privatjets. Solche quasiextraterrestrischen Enklaven auf der Erde wird es umso mehr geben, je extremer die Klimaerwärmung und ihre Chaotisierungseffekte sich ausspielen.

So wie wir hiervon politisch abgestoßen sind, sind wir philosophisch abgestoßen von einem anderen, nochmal entfernteren Szenario des Erde-Verlassens, die mit der Vorstellung des Hochladens unserer Gehirne auf wolkige Rechner anhebt. Es handelt sich um die Idee, post-biologische intelligente Wesen würden einmal die ganze Milchstraßengalaxie oder das ganze Universum ›kolonisieren‹, indem sie in Sonden (*space probes*) zu anderen Planeten fliegen, sich dort festsetzen und vervielfachen, und von dort weiterfliegen zu wieder anderen Planeten, und so weiter und so fort bis ins schlechte Unendliche. Nirgendwo findet sich jedoch dabei eine nennenswerte – geschweige denn naturphilosophisch interessante – Antwort auf die astrobiologische Frage »Was vermag ein Planet«? Wieder unterschätzen die Weltraumkolonisierungsszenarien die Ausdehnung des Universums. Die Sonden wären – alle anderen Probleme einmal ausgeklammert – viele Hunderttausende, ja Millionen von Jahren im leeren Raum unterwegs, bevor sie sich in der kosmischen Umgebung der Erde auch nur ansatzweise ›ausgebreitet‹ hätten. In dieser Zeit sind die Sonden ›eingefroren‹ – während aber die Entwicklung der kollektiven Intelligenz auf der Erde weitergeht. In Anbetracht dieser Intelligenz erscheinen die ausgesandten Sonden mit jedem Jahrzehnt und Jahrhundert mehr als ›Oldtimer‹ und technikgeschichtliche Atavismen.

Ein ins All disseminiertes Technikmuseum beantwortet die astrobiologische Frage nicht. Das gelingt nur dem Planeten selbst, der innerhalb der realen Grenzen seiner Habitabilität – d. h. bis hier in tiefer erdgeschichtlichter Zukunft die Photosynthese aufhört und die Ozeane verdampfen – reichlich Zeit hat, eine Transition 9 in ihren Konsequenzen auszubuchstabieren und danach (in einem *extrem* unwahrscheinlichen, aber nicht ausgeschlossenen Fall) auch alle weiteren, planetarisch überhaupt möglichen Evolutionären Transitionen zu durchlaufen, bis die physischen Möglichkeiten der Strukturbildung und Informationsverarbeitung für einen Planeten dieses Universums *hier an Ort und Stelle* gänzlich erschöpft worden sind. Dieser für uns unvorstellbare und bislang mangels exoplanetarischer Beispiele unerforschliche Zustand der Erschöpfung planetarischer Möglichkeiten wäre eine (finale) Antwort auf die astrobiologische Frage.

Sie wird nach unserer Zeit gegeben.

Unsere gegenwärtige Frage ist stattdessen die, ob und wie die Potenziale einer Transition 9 für menschliches und nichtmenschliches Leben auf der Erde in Zukunft wahr werden könnten. Hierauf kann es nur eine gemeinsame Antwort geben, die zudem nie nur technologisch, sondern technopolitisch zu implementieren ist. Ideen eines *technological fix* oder eines allzu optimistischen *solutionism* taugen dazu nicht. Nur politisch, kulturell, zivilisatorisch – und das meint für uns: demokratisch – wird zu beantworten sein, wie es gelingen kann, die sich entfaltende Transition 9 von toxischen Verlaufsformen wegzusteuern oder gar ihre Unterbrechung durch zivilisatorische Großkatastrophen zu verhindern. Unserer Analyse nach geht es jetzt darum, die Potenziale dieser Transition selbst für deren kollektive Navigation in Stellung zu bringen. Wie entbiologisierte Intelligenzen in intelligenteres menschliches Agieren im Erdsystem zu integrieren (bzw. die Möglichkeiten der Erdsystem-Basis für unser Leben zu nutzen) seien, haben wir in Kap. 3 am neuen Dispositiv der Hyper-Antizipation thematisiert.

In der bestehenden (Schrumpf-)Form des Dispositivs setzen transnationale Organisationen hyper-antizipative Klima- und Erdsystemmodelle in Umlauf, die ohne erdumspannende Konstitution politisch kaum handlungswirksam werden, während andererseits Nationalstaaten und Unternehmen in ganz unterschiedlichem Maße auf Tools der Hyper-Antizipation zugreifen, um sich in ihrem Gegeneinander *vis-à-vis* der Zukunft einen kompetitiven Vorteil zu verschaffen.

Diametral entgegengesetzt dazu könnte Hyper-Antizipation kollektiviert und konstitutionalisiert werden: Die neue temporale Hülle, die Hyper-Antizipation unseren Leben in Aussicht stellt, hat das Potenzial zu einer Schutzhülle im umfassendsten Sinne, in der wir vorausblickend besser umzugehen lernen mit dem, was in einer Transition 9 auf uns zukommt an Gefahren und Möglichkeiten, und zunächst einmal endlich die gleiche Lebenserwartung für alle bereitstellen.

Denn das so erst wirklich werdende aktive und bewusste Bewohnen des Planeten *als* Planeten korrespondiert einem umfassenderen Begehren.

Einem planetarischen Begehren.

Das ist kein Begehren nach einem bestimmten naturgeschichtlichen Zustand des Planeten. Es ist kein Bedürfnis, ›im Einklang‹ mit irgendeinem Schnappschuss der Erde in ihrem Prozess zu leben – ihre Gestalt bei unserer Geburt, oder in vorindustriellen Zeiten oder wann auch immer alles heil gewesen sein soll ...

Nein, wovon wir sprechen oder woran wir denken ist ein unerfüllbares, deswegen aber produktives und stets hervorbringendes *Begehren nach planetarischer Evolution*. Unser Begehren nach dem Planeten entwickelt sich aus dem Planeten (ein Begehren im Sinne Lacans oder Hegels, als Begehren des Anderem, nach seinem Anderen – und dieses Andere ist hier die Zukunft). Sein Ziel wird nichts anderes als seine Hervorbringung gewesen sein.

Welche größere existenzielle und intellektuelle Exaltation kann es geben, als die Entfaltung eines Planeten ›live‹ zu bezeugen? Welchen größeren Wunsch könnten wir haben als den, so viel wie möglich von seiner Zukunft mit eigenen Augen zu sehen?

Doch dazu müssen wir altern.

Planetarisch altern.

Und Planeten denken.

Abbildungsnachweise

S. 35 »The ›Big Five‹ Mass Extinctions in the Earth's history«, ourworldindata.org/mass-extinctions

S. 40 »Google Earth« [screenshot]. »Size planets comparison« de.m.wikipedia.org/wiki/Datei:Size_planets_comparison.jpg

S. 53 »Life expectancy«, ourworldindata.org/life-expectancy. »Population curve«, commons.wikimedia.org/wiki/File:Population_curve.svg.

S. 65 Will Steffen u. a., »The trajectory of the Anthropocene: the great acceleration«, *The Anthropocene Review* 2, Nr. 1 (1. April 2015), S. 81-98, hier S. 87, 86.

S. 77 Robert McSweeney, Zeke Hausfather, »How do climate models work?«, *Carbon Brief*, 15. Januar 2018, o. S.; www.carbonbrief.org/qa-how-do-climate-models-work

S. 78 Elke Stehfest u. a. (Hg.), *Integrated assessment of global environmental change with IMAGE 3.0. Model description and policy applications*, Den Haag 2014, S. 6.

S. 79 Stein Emil Vollset, u. a., »Fertility, mortality, migration, and population scenarios for 195 countries and territories from 2017 to 2100: a forecasting analysis for the Global Burden of Disease study«, *The Lancet* 396, Nr. 10258 (Oktober 2020), S. 1285-1306, hier S. 1296. doi: 10.1016/ S0140-6736(20)30677-2.

Homi Kharas, Kristofer Hamel, »A global tipping point: Half the world is now middle class or wealthier«, *Brookings*, 27. September 2018, o. S. www.brookings.edu/articles/a-global-tipping-point-half-the-world-is-now-middle-class-or-wealthier/.

»Urban and rural population projected to 2050, World, 1500 to 2050«, ourworldindata.org/mass-extinctions;

eia, U.S. Energy Information Administration, »EIA projects nearly 50% increase in world energy usage by 2050, led by growth in Asia«, 24. September 2019, o. S. www.eia.gov/todayinenergy/detail.php?id=41433.

S. 80 Jonathan Foley, »Feeding nine billion«, *National Geographic*, Mai 2014, o. S., www.nationalgeographic.com/foodfeatures/feeding-9-billion.

S. 81 OECD, *Real GDP long-term forecast*, OECD iLibrary, 2024, doi: 10.1787/d927bc18-en.

IPCC, *Climate Change 2023, Synthesis Report, Summary for Policymakers*, Genf 2023, S. 23. doi: 10.59327/IPCC/AR6-9789291691647.001.

S. 83 Allianz Partners, Ray Hammond, *The World in 2040, The future of healthcare, mobility, travel and the home*, Bericht 2019.

PricewaterhouseCoopers, *The long view: how will the global economic order change by 2050?*, Bericht 2017.

S. 88 IPCC, *Climate Change 2014: Impacts, Adaptation, and Vulnerability. Part A: Global and Sectoral Aspects, Summary for Policymakers,* Cambridge, New York, NY, 2014, S. 30.

IPCC, *Climate Change 2023, Synthesis Report, Summary for Policymakers*, Genf 2023, S. 26.

S. 91 UNEP, *Emissions Gap Report 2017*, Nairobi 2017, S. 59.

S. 94 Donella H. Meadows, u. a. (Hg.), *The Limits to Growth,* New York NY 1972, S. 19.

S. 116 IPCC, *Climate Change 2023, Synthesis Report, Summary for Policymakers*, Genf 2023, S. 7.

S. 135 Prachi Patkee, Adam Strange, *The future of life expectancy*, Zürich 2023, S. 15.

S. 136 »Life Expectancy«, ourworldindata.org/life-expectancy

S. 139 »Life Expectancy in 2015«, ourworldindata.org/life-expectancy-globally

1 www.uni-frankfurt.de/128398498/Becoming_Planetary_Programm_16_11_22.pdf; www.uni-frankfurt.de/134827961/Becoming_Planetary

2 humanities.wisc.edu/research/workshops/alien-earth

3 Vgl. www.digitalearth.art; www.e-flux.com/announcements/423809/the-terraforming-2022 (das Moskau-basierte Programm *The Terraforming* wurde nach Beginn des Ukrainekriegs abgebrochen); www.more-than-planet.eu/labs/more-than-planet-lab; antikythera.xyz.

4 www.zfl-berlin.org/media-center-detail/planetary-humanities-i-panel-with-dipesh-chakrabarty-rochona-majumdar-achille-mbembe-walter-mignolo-and-henning-trueper.html

5 Vgl. Dipesh Chakrabarty, *Das Klima der Geschichte im planetarischen Zeitalter*, Berlin 2022, S. 150ff. Lukáš Likavčan, *Introduction to comparative planetology*, Moskau 2019, S. 36ff.

6 W. L. Steffen (Hg.), *Global change and the Earth system: a planet under pressure*, Berlin, New York 2005, S. 131ff.

7 Will Steffen, Paul J. Crutzen, und John R. McNeill, »The anthropocene: are humans now overwhelming the great forces of nature«, *AMBIO: A Journal of the Human Environment* 36, Nr. 8 (Dezember 2007), S. 614-21, 617. Update: Will Steffen u. a., »The trajectory of the Anthropocene: the great acceleration«, *The Anthropocene Review* 2, Nr. 1 (1. April 2015), S. 81-98.

8 Chakrabarty, *Das Klima der Geschichte*, a.a.O., S. 148.

9 Ebd., S. S. 149.

10 Ebd., S. 33.

11 Ebd., S. 153

12 Ebd., S. 151, 157.

13 Ebd., S. 152, vgl. S. 158.

14 Bereits im frühen 20. Jahrhundert war der Begriff des Planetarischen im Umlauf – als Kandidat für die Beschreibung erdumspannender Prozesse in Echtzeit (Schmitt, Jünger, Heidegger etc.). Solche Prozesse wurden seit Mitte des vorigen Jahrhunderts dann aber vor allem unter dem Begriff des Globalen und der Globalisierung adressiert. Das ›Planetarische‹ kam aus der Mode – bis Spivak es wieder aufgriff.

15 Gayatri Chakravorty Spivak, *Death of a discipline*, New York 2003, S. 72.

16 »If we imagine ourselves as planetary subjects rather than global agents, planetary creatures rather than global entities, alterity remains underived from us; it is not our dialectical negation, it contains us as much as it flings us away.« Ebd., S. 73.

17 Gayatri Chakravorty Spivak, Susanne M. Winterling, »The imperative to make the imagination flexible«, planetarysensing.com/the-imperative-to-make-the-imagination-flexible.

18 »Dem Planeten denkerisch zu begegnen, ist eine Begegnung mit etwas, das die Bedingung menschlicher Existenz ist und dieser Existenz doch zutiefst gleichgültig gegenübersteht.« Chakrabarty, *Das Klima der Geschichte*, a.a.O., S. 125.

19 Lukáš Likavčan, *Introduction to comparative planetology*, a.a.O., S. 19.

20 »[T]he great outdoors [of the planetary], which moves too, but only at the pace of tectonic plates«, Ebd., S. 90. Vgl. Lukáš Likavčan, *Introduction to comparative planetology*, 2020, www.youtube.com/watch?v=JwCd9WPvWAI, 25'26".

21 Ebd., S. 72. Oder auch: »[F]rom an Earth-system perspective, it is true that the planet is really a system of magnificent forces, which at best temporarily uses or misuses us as mediators for its own purposes, and at worst does not need us at all«, ebd., S. 71.

22 Ebd., S. 78f.

23 Likavčan, *Introduction to comparative planetology*, a.a.O., [24'30"].

24 Benjamin Bratton, »Planetary sapience«, 17. Juni 2021, www.noemamag.com/planetary-sapience.

25 Ebd.

26 Peter Ward, *The Medea Hypothesis: Is life on Earth ultimately self-destructive?*, Princeton NJ 2009. Toby Tyrrell, *On Gaia: a critical investigation of the relationship between life and Earth*, Princeton NJ 2013.

27 Timothy M. Lenton, Bruno Latour, »Gaia 2.0«, *Science*, Bd. 361, Nr. 6407 (14. September 2018), S. 1066-68, doi: 10.1126/science. aau0427.

28 Spivak, *Death of a discipline*, 72.

29 Gayatri Chakravorty Spivak, »Imperative to re-imagine the planet«, in: dies., *An Aesthetic Education in the Era of Globalization*, Cambridge MA 2011, S. 335-50, 338.

30 »This total view of the planet suggests complete interconnectedness, but also forms of imperial control. It is the product of globality as well as universal science.« Jennifer Gabrys, »Becoming Planetary«, e-Flux, Oktober 2018, www.e-flux.com/architecture/accumulation/217051/becoming-planetary/

31 Ebd.

32 Ebd. Auf Positionen wie diese zielt seinerseits Bratton, wenn er anmerkt: »The present orthodoxy is that what is most essential – philosophically, ethically, politically – is the uncomputable. It is the uncontrollable, the indescribable, the unmeasurable, the unrepresentable. It is that which exceeds signification or representation – the ineffable. For much of the Continental tradition, calculation has been understood as a degraded, tertiary, alienated, violently stupid form of thought.« Benjamin Bratton, »A new philosophy of planetary computation«, 5. Oktober 2022, www.noemamag.com/a-new-philosophy-of-planetary-computation.

33 In ihrer eigenen akademisch-aktivistischen Praxis geht es Gabrys weniger um die Unmöglichkeit als um die Diversifizierung der Repräsentationen der Erde, die sie in ihrer Arbeit mit und über sogenannte *Citizen Sensing* Projekte analysiert und betreibt, siehe Jennifer Gabrys, *Program earth: environmental sensing technology and the making of a computational planet*, Minneapolis MN 2016.

34 Zur »Einübung ins planetarische Denken« und »Übergang in die universelle planetarische Kultur« bei Günther vgl. Cai Werntgen, *Kehren. Martin Heidegger und Gotthard Günther. Europäisches Denken zwischen Orient und Okzident*, Paderborn, München 2006, speziell S. 44-46.

35 Bronislaw Szerszynski, »Viewing the Technosphere in an interplanetary light«, *The Anthropocene Review* 4, Nr. 2 (August 2017), S. 92-102, doi: 10.1177/2053019616670676, S. 100. Vgl. Nigel Clark und Bronislaw Szerszynski, *Planetary social thought: the anthropocene challenge to the social sciences*, Cambridge, Medford MA 2021, S. 79ff.

36 Benjamin Bratton, *The Terraforming*, Moskau 2019, S. 71.

37 Bruno Latour, *Das terrestrische Manifest*, Berlin 2020, S. 80ff. Vgl. Chakrabartys Gespräch mit Latour in Chakrabarty, *Das Klima der Geschichte*, a.a.O., S. 363.

38 Vgl. dazu auch Chlesea Haramia, Julia DeMarines, »An ethical assessment of SETI, METI, and the value of our planetary home«, in: Octavio Alfonso Chon Torres (Hg.), *Astrobiology: science, ethics, and public policy*, Hoboken NJ 2021, S. 269-290.

39 Chakrabarty, *Das Klima der Geschichte*, a.a.O., S. 142.

40 Achille Mbembe, »Climate, sustainability & inequality seminar: notes on planetary habitability«, www.youtube.com/watch?v=d1AKvMN5ock; vgl. David Wallace-Wells, *The uninhabitable Earth: a story of the future*, London 2019.

41 Eric Smith, Harold J. Morowitz, *The origin and nature of life on Earth: the emergence of the fourth geosphere*, New York NY 2016, Kap. 1.3.3.5, *The »collapse« into the order of life*; zur Temperaturstabilisierung vgl. David Christian, *Big History. Die Geschichte der Welt – vom Urknall bis zur Zukunft der Menschheit*, München 2018: »Aber warum waren dann die Klimata für die Dauer einer Milliarde Jahre – von vor zwei bis vor einer Milliarde Jahren – so stabil? Es lag an der Biologie, die zur Hilfe kam, indem sie Organismen neuer Art entwickelte. Sie ergänzten die Thermostate der Erde, indem sie Sauerstoff aus der Luft aufnahmen. Diese Organismen, die ersten eukaryotischen Zellen, trugen nicht nur zur Stabilisierung der globalen Temperaturen bei, sondern brachten auch eine biologische Revolution in Gang«.

42 Peter Ward, Joe Kirschvink, *Eine neue Geschichte des Lebens. Wie Katastrophen den Lauf der Evolution bestimmt haben*, München 2016, S. X.

43 Vgl. dazu generell Jörg Kreienbrock, *Sich im Weltall orientieren. Philosophieren im Kosmos 1950-1970*, Wien, Berlin 2020, der den Sputnik-Schock als Auftrag versteht, einen *Seelenturn* von einem *terrestrischen* zu einem *stellaren Bewusstsein* zu vollziehen: »Mit Satelliten kehrt sich der klassische menschliche Blick aus der Sphäre des Irdischen hinaus ins Weltall radikal um: die Erdoberfläche selbst tritt ins Bild. Der Blick von außen auf den Erdball, die ›reflexive Selbstbegegnung der Erde‹ bedeutet eine kollektive Grenzerfahrung der Menschheit.«

44 Charles H. Langmuir, Wally Broecker, *How to build a habitable Planet: the story of Earth from the Big Bang to humankind*, Princeton MA 2012, S. 645.

45 Bruno Latour, *Kampf um Gaia. Acht Vorträge über das neue Klima-*

regime, Berlin 2017: »Die Anthropologen haben einige Zeit gebraucht zu begreifen, daß die ›Natur‹ keine universelle Kategorie ist; daß die Mehrheit der Menschen nie ›in Harmonie mit der Natur‹ gelebt hat; und daß auch die sogenannten Naturalisten, was noch rätselhafter ist, nie in der Natur gelebt hatten, war es ihnen doch nicht gelungen, die epistemologische Version ihrer Wissenschaften mit deren Praxis zu versöhnen.« Zum Umweltbegriff und seinem sich seit den 1970ern schlagartig verbreitenden Vorläuferbegriff ›Natur‹ vgl. auch Joachim Radkau, *Die Ära der Ökologie. Eine Weltgeschichte*, München 2015.

46 Zu einer Diskussion der entsprechenden Thesen Jennifer Gabrys in ihrem Buch *Program Earth*, a.a.O., S. 4: »[...] to consider instead how programmability might signal a quite different and distributed way of remaking environments. Programmability, the programming of Earth, yields processes for making new environments not necessarily as extensions of humans, but rather as new configurations or ›techno-geographies‹ that concretize across technologies, people, practices, and nonhuman entities«.

47 Vgl. als kurze Einführung Ximena C. Abrevaya u. a., »The astrobiology primer v2.0«, *Astrobiology* 16, Nr. 8 (1. August 2016), S. 561-653, doi: 10.1089/ast.2015.1460.

48 Vgl. Milan M. Ćirkovi , *The great silence: the science and philosophy of Fermi's paradox*, Oxford 2018.

49 Yamila Miguel, »The exoplanet revolution«, *Europhysics News* 50, Nr. 5-6 (September 2019), S. 41-43, doi: 10.1051/epn/2019506.

50 »Lists of Exoplanets«, *Wikipedia*, en.wikipedia.org/wiki/Lists_of_exoplanets.

51 Peter D. Ward, Donald Brownlee, *Unsere einsame Erde. Warum komplexes Leben im Universum unwahrscheinlich ist*, Berlin, Heidelberg 2001, S. 9 [Übersetzung modifziert].

52 Smith, Morowitz, *The origin and nature of life on Earth*, a.a.O., xvii.

53 Stephen Jay Gould, *Zufall Mensch. das Wunder des Lebens als Spiel der Natur*, München 1991, S. 46f.

54 Iris Fry, »The philosophy of astrobiology. The Copernican and Darwinian philosophical presupposition«, in: Steven J. Dick (Hg.), *The impact of discovering life beyond Earth*, Cambridge MA 2015, S. 23-27, 24.

55 Bronislaw Szerszynski, »A planetary turn for the social sciences?«,

in: Ole B. Jensen, Sven Kesselring, Mimi Sheller (Hg.), *Mobilities and complexities*, New York NY 2018, S. 223-227, doi: 10.4324/9780429470097-32.

56 Clark, Szerszynski, *Planetary social thought*, a.a.O., S. 79.

57 Oswald Spengler, *Der Untergang des Abendlandes. Umrisse einer Morphologie des Abendlandes*, München 2003, S. 151.

58 Fry, »The philosophy of astrobiology«, a.a.O., S. 24f.

59 John Maynard Smith, Eörs Szathmáry, *Evolution. Prozesse, Mechanismen, Modelle*, Heidelberg, Berlin, Oxford, 1996.

60 »...researchers are beginning to formulate what I would christen ›Exo-Earth system science‹ – a general science of habitable and inhabited worlds.« Tim Lenton, *Earth system science: a very short introduction*, Oxford, New York NY 2016, Kap. 8.

61 Christian, *Big History*, a.a.O., »Das besondere Merkmal des Kambriums ist nicht der Beginn des Lebens, sondern eine überwältigende adaptive Radiation vielzelliger Lebensformen.«

62 Jan Zalasiewicz, zit. nach Clive Hamilton »Can humans survive the Anthropocene? The Dr Dark Memorial Lecture«, 2014, clivehamilton.com/wp-content/uploads/2014/05/Can-humans-survive-the-Anthropocene.pdf

63 Olivia P. Judson, »The energy expansions of evolution« *Nature Ecology & Evolution* 1 (April 2017), S. 1-8, 1, doi:10.1038/s41559-017-0138

64 Roberto Unger (Interview mit Nils Gilman und Jonathan Blake), »How to govern the world without world government«, 17. Januar 2013, www.noemamag.com/how-to-govern-the-world-without-world-government.

65 Gould, *Zufall Mensch*, a.a.O., S. 47.

66 Michael Chorost, »The ascent of life«, *New Scientist*, Bd. 213, Nr. 2848, (21. Januar 2012), S. 35-37. Holmes Rolston formuliert so eine Direktionalität sogar für das Universum an sich: Holmes Rolston III, *Three Big Bangs. Matter-Energy, Life, Mind*, New York NY 2010.

67 Sarah Scoles, »Life as we don't know It«, *Scientific American*, Bd. 328, Nr. 2 (Februar 2023), S. 32.

68 Samuel R. Levin u. a., »Darwin's aliens«, *International Journal of Astrobiology*, Jg. 18, Nr. 1 (Februar 2019), S. 5f., doi: 10.1017/S1473550417000362.

69 »As many as six billion earth-like planets in our galaxy, according to new estimates«, UBC Science, 16. Juni 2020, science.ubc.ca/news/many-six-billion-earth-planets-our-galaxy-according-new-estimates.

70 Smith, Szathmáry, *Evolution*, a.a.O., S. 318 [Übersetzung modifiziert].

71 Zu einer ausführlichen kritischen Diskussion der Hypothese vgl. Milan M. Cirkovic, *The astrobiological landscape*, Cambridge 2012.

72 Eine Berechnungs-Stichprobe allein für die Milchstraße kommt auf eine Zahl von zwischen 36 und 928 solcher Zivilisationen. Tom Westby, Christopher J. Conselice, »The astrobiological Copernican weak and strong limits for intelligent life«, *The Astrophysical Journal*, Bd. 896, Nr. 1 (15. Juni 2020), S. 58, doi: 10.3847/1538-4357/ab8225. Auf das Ganze des sichtbaren Universums und die volle Länge der sternenerzeugenden Ära (*Stelliferous Era*) gerechnet ist die Zahl also gigantisch.

73 »[S]ince the advent of wireless communication in the 1930s, humans have been sending electromagnetic signals that can be observed across interstellar space. One way to conduct a search for extraterrestrial intelligence (SETI) is thus to search for similar transmissions from other civilizations.« Abrevaya, »The astrobiology primer v2.0«, a.a.O., S. 622.

74 N. S. Kardashev, »Transmission of information by extraterrestrial civilizations«, *Soviet Astronomy* 8 (1964), S. 217-221; Freeman J. Dyson, »Search for artificial stellar sources of infrared radiation«, *Science*, Bd. 131, Nr. 3414 (3. Juni 1960), S. 1667f., doi: 10.1126/science.131.3414.1667; Steven Dick, »The postbiological universe«, *Acta Astronautica*, Bd. 62, Nr. 8-9 (April 2008), S. 499-504, doi: 10.1016/j.actaastro.2008.01.025; Frank J. Tipler, »Extraterrestrial intelligent beings do not exist«, *Physics Today*, Bd. 34, Nr. 4 (1. April 1981), S. 9-71, doi: 10.1063/1.2914542.

75 Die Sichtung einfachen Lebens im All dürfte einfacher sein; wir halten sie nicht für ausgeschlossen.

76 Robin Hanson, »The great filter – are we almost past it?«, 15. September 1998, hanson.gmu.edu/greatfilter.html

77 Christian Stöcker, »Ist ›Longtermism‹ die Rettung – oder eine Gefahr?«, *Der Spiegel*, 7. November 2021, www.spiegel.de/wissenschaft/longtermism-was-ist-das-rettung-oder-gefahr-kolumne-a-983e60ba-6265-40a8-8c65-8f2668e4e9ff?

78 Nur als Beispielfall: »Increased longevity, expressed as the propor-

tion of adults surviving to older adulthood, represents an important way that Upper Paleolithic Europeans differ from earlier European populations.« Rachel Caspari, Sang-Hee Lee, »Is human longevity a consequence of cultural change or modern biology?«, *American Journal of Physical Anthropology*, Bd. 129, Nr. 4 (April 2006), S. 512-517, doi: 10.1002/ajpa.20360, 512.

79 Leigh Phillips, *Austerity ecology & the collapse-porn addicts: a defence of growth, progress, industry and stuff*, Winchester 2015.

80 Das liegt an der wachsenden Resilienz gegenüber Klimawandelfolgen und Umweltkatastrophen generell, die mit steigendem Wohlstand verbunden ist, vgl. Giuseppe Formetta, Luc Feyen, »Empirical evidence of declining global vulnerability to climate-related hazards«, *Global Environmental Change*, Bd. 57 (Juli 2019), 101920, doi: 10.1016/j.gloenvcha.2019.05.004. Es ist zu erwarten, dass sich dieser Reduktionstrend bei der absehbaren drastischen Verschärfung der Erderwärmung relativieren wird.

81 Auch auf evolutionären Zeitskalen unterhalb der *Major Transitions* hat man sich von Vorstellung kontinuierlicher und gradualistischer Evolutionsvorgänge verabschiedet: »The big-history perspective encourages us to keep an eye on very large trends. One large trend is peculiarly interesting because it appears at all scales and in many different domains. This is the pattern that the evolutionary biologists Niles Eldredge and Stephen Jay Gould called ›punctuated equilibria‹. They argued that in evolutionary biology the sort of steady gradual change that Darwin thought of as the evolutionary norm is in fact exceptional. Most new species appear unexpectedly, and then their populations rise rapidly at evolutionary ›punctuations‹ until they reach a sort of demographic plateau as they settle into their new niche.«

82 Baruch de Spinoza, *Ethik in geometrischer Ordnung dargestellt*, Hamburg 1999, S. 63ff.

83 Dass der Naturbegriff in Abgrenzung zu Paradigmen des Technischen, Kulturellen oder Unnatürlichen einerseits kontextspezifisch ausfällt und nie ganz von dem geschieden ist, von dem er sich abgrenzt, darauf haben schon Helmuth Plessner und Arnold Gehlen hingewiesen. Natürlich geht es an dieser Stelle nicht darum, alle Konzepte des Nicht-Natürlichen unter einem universalistischem Prinzip des Natürlichen kategorisch zu verabschieden, sondern darum, aufzuzeigen, dass aus einer planetarischen (Diskurs-)Perspektive alle

Transformationen, Effekte und Transitionen des Planeten sich als natürliche Erscheinungen im Verlauf seiner Entfaltung darstellen.«

84 Vgl. Bruno Latour, *Eine neue Soziologie für eine neue Gesellschaft. Einführung in die Akteur-Netzwerk-Theorie*, Frankfurt am Main 2019.

85 Vgl. Linus Blomqvist, Ted Nordhaus, Michael Shellenberger, »Nature unbound: decoupling for conservation«, Oakland CA, September 2015, doi: 10.13140/RG.2.2.29358.87365.

86 Vgl. Likavčan über Simondon: »Simondon proceeds to claim that the ›evolved technical object comes closer to the mode of existence of natural objects.‹ The ›mode of existence‹ of these evolved technical objects ›is analogous to that of natural spontaneously produced objects,‹ and for this reason, ›one can legitimately consider them as one would natural objects.‹ The evolution of a technical object is then an independent evolutionary trajectory stemming from the Planetary and coming back to the Planetary after it passes the full arc of its genesis.« Likavčan, *Introduction to Comparative Planetology*, a.a.O., S. 30.

87 P. K. Haff, »Technology as a geological phenomenon: implications for human well-being«, *Geological Society, London, Special Publications*, Bd. 395, Nr. 1 (2014), S. 301-309, doi: 10.1144/SP395.4.

88 Chakrabarty, *Das Klima der Geschichte*, a.a.O., S. 121.

89 Karl Marx, *Grundrisse der Kritik der politischen Ökonomie*, Berlin 1974, S. 594.

90 Georg Wilhelm Friedrich Hegel, »Enzyklopädie der philosophischen Wissenschaften im Grundrisse. 1830. Zweiter Teil. Die Naturphilosophie. Mit den mündlichen Zusätzen«, in: ders., *Werke*, Bd. 9, Frankfurt am Main 2021, S. 132.

91 Antonio Stoppani, »First period of the anthropozoic era«, in: Elisabeth Ellsworth, Jamie Kruse (Hg.), *Making the geologic now: responses to material conditions of contemporary life*, New York NY 2012, S. 34-41, 40. (Zugleich ist Astrobiologie die ultimative Disziplin, weil *sie* es ist, welche die Emergenz, den Ort und die Ontologie aller anderen Disziplinen des Wissens – inklusive der gegenstandsmäßig größeren, die Planeten eigentlich noch ›umfassenden‹ Kosmologie – überhaupt nur (nämlich als Planeteneigenschaft) beschreiben kann.)

92 Bruno Latour, *Science in action: how to follow scientists and engineers through society*, Cambridge MA 2015.

93 Adam Frank, Axel Kleidon, Marina Alberti, »Earth as a hybrid planet:

the Anthropocene in an evolutionary astrobiological context«, *Anthropocene* 19 (September 2017), S. 13-21, doi: 10.1016/j.ancene. 2017.08.002.

94 Ebd.

95 Steffen u. a., »The trajectory of the Anthropocene«, a.a.O.

96 Smith, Szathmáry, *Evolution*, a.a.O., S. 318 [Übersetzung modifiziert].

97 www.youtube.com/watch?v=Sy76z0mnw2A&list=PLVV0r6CmEs FzJSvAc4MBuUP_GrjO1lLHp&index=89, John Maynard Smith, »Examples of major transitions in evolution (89/102)«, 1997, [Hervorhebung von uns.]

98 Smith, Szathmáry, *Evolution*, a.a.O., S. 318 [Übersetzung modifiziert].

99 R. Alexander Bentley, Michael J. O'Brien, »Cultural evolutionary tipping points in the storage and transmission of information«, *Frontiers in Psychology* 3 (2012), S. 1-14, 9, doi: 10.3389/fpsyg. 2012.00569.

100 Christoph Rosol et al., »On the age of computation in the epoch of humankind«, 3. Dezember 2018, www.mpg.de/12549160/on-the-age-of-computation-in-the-epoch-of-humankind. Vgl. Christoph Rosol, »1948«, in: Adam Wickberg, Johan Gärdebo (Hg.), *Environing media*, London 2022, S. 75-92, doi.org/10.4324/ 9781003282891-7. Renn: »It is clear, however, that without the new communication and information technologies, the rapid economic growth after the end of World War II, as well as the great acceleration in all areas of human productivity and resource exploitation, would have been unthinkable.« Jürgen Renn, »The Anthropocene and the history of science«, in: Gabriele Dürbeck, Philip Hüpkes (Hg.), *The Anthropocenic turn: the interplay between disciplinary and interdisciplinary responses to a new age*, London 2020, S. 37-58, 52.

101 Umgekehrt wurde auch versucht, den morphologischen Prozess der Entwicklung digitaler Technologie nach dem Modell der Major Transitions in Evolution zu verstehen. Salva Duran-Nebreda, Sergi Valverde, »The natural evolution of computing«, in: Jamshid J. Tehrani, Jeremy Kendal, Rachel Kendal (Hg.), *The Oxford Handbook of cultural evolution*, 23. Februar 2023, doi: 10.1093/oxfordhb/ 9780198869252.013.38.

102 Bentley, O'Brien, »Cultural evolutionary tipping points«, a.a.O., S. 2.

103 Bratton, »Planetary sapience«. Die naturalistischen Beschreibungen stehen bei Bratton im Kontrast zu seiner Feier des Artifiziellen; dies

zeigt, dass ihm die astrobiologische Perspektive fehlt.

104 »We can also catch glimpses of this way of deprioritizing the human or the living in recent Anthropocene science, for example when Zalasiewicz reflects that ›skyscrapers and coral reefs are basically large masses of biologically constructed rock‹, or when he and his colleagues observe that ›we live in and drive on Anthropocene rock constructions that we call houses and roads‹«, Clark, Szerszynski, *Planetary social thought*, a.a.O., S. 86.

105 Phillips, *Austerity ecology & the collapse-porn addicts.*, a.a.O. Vgl. Kevin Kelly, *What technology wants*, New York NY 2011.

106 Vladimir Vernadsky, *Scientific thought as a planetary phenomenon*, Moskau 1997. Vgl. EN 34.

107 Ebd., S. 31.

108 Jan Zalasiewicz u. a., »Scale and diversity of the physical technosphere: A geological perspective«, *The Anthropocene Review*, Bd. 4, Nr. 1 (April 2017), S. 9-22, doi.org/10.1177/2053019616677743.

109 Bratton, »A new philosophy of planetary computation«, a.a.O.

110 Gabriele Gramelsberger (Hg.), *From science to computational sciences: studies in the history of computing and its influence on today's sciences*, Zürich 2011. Eric B. Winsberg, *Science in the age of computer simulation*, Chicago 2010.

111 Vgl. Gabrys, *Program earth*, a.a.O.

112 Ebd.

113 Robert McSweeney, Zeke Hausfather, »How do climate models work?«, *Carbon Brief*, 15. Januar 2018, www.carbonbrief.org/qa-how-do-climate-models-work. Vgl. Johann Feichter, »Shaping reality with algorithms: the earth system«, in Gramelsberger, *From science to computational sciences*, a.a.O., S. 209-217. Die Geschichte der Klimamodellierung ist gut aufgearbeitet in Paul N. Edwards, *A vast machine: computer models, climate data, and the politics of global warming*, Cambridge MA 2013.

114 Simon Evans, Zeke Hausfather, »How ›integrated assessment models‹ are used to study climate change«, *Carbon Brief*, 2. Oktober 2018, www.carbonbrief.org/qa-how-integrated-assessment-models-are-used-to-study-climate-change. Vgl. »Annex III: scenarios and modelling methods«, in: IPCC, *Climate change 2022: mitigation of*

climate change. Contribution of working group III to the sixth assessment report of the intergovernmental panel on climate change, Cambridge, New York NY 2022, S. 1857ff, doi: 10.1017/9781009157926 – Abbildung aus: Elke Stehfest u. a. (Hg.), *Integrated assessment of global environmental change with IMAGE 3.0. Model description and policy applications*, Den Haag 2014.

115 Stein Emil Vollset, u. a., »Fertility, mortality, migration, and population scenarios for 195 countries and territories from 2017 to 2100: a forecasting analysis for the Global Burden of Disease study«, *The Lancet* 396, Nr. 10258 (Oktober 2020), S. 1285-1306, doi: 10.1016/S0140-6736(20)30677-2.

116 Homi Kharas, Kristofer Hamel, »A global tipping point: Half the world is now middle class or wealthier«, *Brookings*, 27. September 2018, https://www.brookings.edu/articles/a-global-tipping-point-half-the-world-is-now-middle-class-or-wealthier/.

117 www.statista.com/statistics/673420/projected-global-life-expectancy.

118 Vgl. ourworldindata.org/urbanization.

119 OECD, *GDP long-term forecast*, doi: 10.1787/d927bc18-en.

120 eia, U.S. Energy Information Administration, »EIA projects nearly 50% increase in world energy usage by 2050, led by growth in Asia«, 24. September 2019, www.eia.gov/todayinenergy/detail.php?id=41433.

121 Jonathan Foley, »Feeding nine billion«, *National Geographic*, Mai 2014, www.nationalgeographic.com/foodfeatures/feeding-9-billion.

122 Richard Waite, Daniel Vennard, »Without changing diets, agriculture alone could produce enough emissions to surpass 1.5°C of Global Warming«, *World Resources Institute*, 17. Oktober 2018, www.wri.org/insights/without-changing-diets-agriculture-alone-could-produce-enough-emissions-surpass-15degc.

123 IPCC, *Climate Change 2023, Synthesis Report, Summary for Policymakers*, Genf 2023, S. 23. doi: 10.59327/IPCC/AR6-9789291691647.001.

124 Chi Xu, u. a., »Future of the human climate niche«, *Proceedings of the National Academy of Sciences*, Jg. 117, Nr. 21 (26. Mai 2020), S. 11350-11355. doi: 10.1073/pnas.191011411.

125 WHO, »Climate change«, 12. Oktober 2023, www.who.int/newsroom/fact-sheets/detail/climate-change-and-health.

126 Gabriele Gramelsberger, »From Science to Computational Sciences. A Science History and Philosophy Overview«, in: dies., *From Science to Computational Sciences*, a.a.O., S. 19-44, 39.

127 Matthias Heymann, Gabriele Gramelsberger, Martin Mahony, »Introduction«, in: dies. (Hg.), *Cultures of prediction in atmospheric and climate science*, London 2017, S. 1-17, 7. Vgl. Kirsten Hastrup, Martin Skrydstrup (Hg.), *The social life of climate change models: anticipating nature*, New York NY 2013. Lynda C. Walsh, *Scientists as prophets: a rhetorical genealogy*, Oxford 2013.

128 Norbert Elias, *Über die Zeit*, Frankfurt am Main 2017. Riel Miller (Hg.), *Transforming the future: anticipation in the 21st century*, London, New York NY 2019. Anders Ekström, Staffan Bergwik (Hg.), *Times of history, times of nature: temporalization and the limits of modern knowledge*, New York NY 2022.

129 Armen Avanessian, Suhail Malik, *Der Zeitkomplex. Postcontemporary*, Berlin 2016.

130 Leigh Phillips, »Planning the earth system«, *The Breakthrough Institute*, 15. Juli 2019, thebreakthrough.org/journal/no-11-summer-2019/planning-the-earth-system.

131 Zeke Hausfather, »How ›shared socioeconomic pathways‹ explore future climate change«, *Carbon Brief*, 19. April 2018, www.carbonbrief.org/explainer-how-shared-socioeconomic-pathways-explore-future-climate-change/.

132 UNEP, *Emissions Gap Report 2017*, Nairobi 2017, S. 59.

133 Daniel Falb, *Geospekulationen. Metaphysik für die Erde im Anthropozän*, Leipzig 2019.

134 Nina Wormbs, »Model time and target years: on the end of time in IPCC futures«, in: Ekström, Bergwik, *Times of history, times of nature*, a.a.O., S. 284-309. Dies., »Environing Time«, in: Wickberg, Gärdebo, *Environing Media*, a.a.O.

135 Sabine Pahl, u. a., »Perceptions of time in relation to climate change«, *WIREs Climate Change*, Bd. 5, Nr. 3 (Mai 2014), S. 375-388, doi: 10.1002/wcc.272.

136 Elias, *Über die Zeit*, a.a.O., S. 32.

137 Lebenserwartungs-Rechner des Deutschen Instituts für Altersvorsorge: wie-alt-werde-ich.de

138 Michaël Trazzi, Roman V. Yampolskiy, »Artificial stupidity: data we need to make machines our equals«, *Patterns* 1, Nr. 2 (Mai 2020), 100021, doi: 10.1016/j.patter.2020.100021.

139 Ashish Vaswani, u. a., »Attention Is All You Need«, in: Isabelle Guyon, u. a. (Hg.), *Advances in neural information processing systems 30 (NIPS 2017)*, Red Hook NY 2018, doi: 10.48550/arXiv.1706.03762.

140 Andrew R. Chow, Billy Perrigo, »The AI arms race is on. Start worrying«, *Time*, 16. Februar 2023, time.com/6255952/ai-impact-chatgpt-microsoft-google/.

141 David Ingram, »ChatGPT has thrown gasoline on fears of a U.S.-China arms race on AI«, *NBC News*, 5. März 2023, www.nbcnews.com/tech/innovation/chatgpt-intensified-fears-us-china-ai-arms-race-rcna71804.

142 David Rotman, »The end of the greatest prediction on Earth«, *MIT Technology Review*, Bd. 123, Nr. 2, (März/April 2020), www.technologyreview.com/magazines/the-predictions-issue.

143 James R. Powell, »The Quantum Limit to Moore's Law«, *Proceedings of the IEEE*, Bd. 96, Nr. 8 (August 2008), S. 1247-1248, doi: 10.1109/JPROC.2008.925411.

144 Vergessen wir nicht, dass ein weiterer solcher morphologischer Prozess bereits im Gange ist: der Bau von Quantum Computern, klobig, in den ›Garagen‹ von IBM, Google, etc. Vielleicht ist das ein toter Ast – falls nicht, werden wir hier ein Moores Law eigener Art sehen.

145 Hanae Armitage, »Fastest DNA sequencing technique helps undiagnosed patients find answers in mere hours«, *Stanford Medicine*, 12. Januar 2022, med.stanford.edu/news/all-news/2022/01/dna-sequencing-technique.html.

146 Auch wenn offensichtlich andere Faktoren hinzukommen. Vgl. Kris A. Wetterstrand, »The cost of sequencing a human genome«, *National Human Genome Research Institute*, www.genome.gov/about-genomics/fact-sheets/Sequencing-Human-Genome-cost.

147 Joanna Thompson, »Lab-Grown Meat Approved for Sale: What You Need to Know«, *Scientific American*, 30. Juni 2023, www.scientificamerican.com/article/lab-grown-meat-approved-for-sale-what-you-need-to-know.

148 Daniel Clery, »With historic explosion, a long sought fusion breakthrough«, *Science*, Bd. 378, Nr. 6625, 16. Dezember 2022, doi:

10.1126/science.adg2803.

149 Abb.: IPCC, *Climate Change 2023, Synthesis Report, Summary for Policymakers*, a.a.O.

150 Was nicht heißt, dass diese Muster je langfristig stabil gewesen wären.

151 »Smartdust«, *Wikipedia*, 28. März 2023, en.wikipedia.org/wiki/Smartdust.

152 Derek Parfit, *Reasons and Persons*, Oxford 1992.

153 »Deep time« wird als Begriff zuerst von John McPhee verwendet, *Basin and range*, New York NY 1981. David Christian unterrichtete ab 1989 Kurse in Big History, vgl. Vanessa Thorpe, »Big History theories pose latest challenge to traditional curriculum«, *The Guardian*, 27. Oktober 2012, www.theguardian.com/education/2012/oct/28/big-history-bill-gates-david-christian.

154 Lawrence Badash, »The Age-of-the-Earth-Debate«, *Scientific American*, Bd. 261, Nr. 2 (1989), S. 90.

155 Luis W. Alvarez, u. a., »Extraterrestrial cause for the cretaceous-tertiary extinction«, *Science*, Bd. 208, Nr. 4448 (6. Juni 1980), S. 1095-1108, doi: 10.1126/science.208.4448.1095.

156 David M. Raup, J. John Sepkoski, »Mass extinctions in the marine fossil record«, *Science*, Bd. 215, Nr. 4539 (19. März 1982), S. 1501-1503, doi: 10.1126/science.215.4539.1501.

157 H. B. Whittington, *The Burgess Shale*, New Haven CT 1985; Gould, *Zufall Mensch.*, a.a.O. Vgl. auch »The Scientific Controversy Over the Cambrian Explosion«, *Discovery Institute*, 12. Juni 2019, www.discovery.org/f/119.

158 E. T. Sundquist, Wallace S. Broecker (Hg.), *The Carbon cycle and atmospheric CO_2: natural variations, Archean to present*, Washington D. C. 1985. Vgl. Thomas M. Cronin, *Principles of paleoclimatology*, New York NY 1999, S. 8ff.

159 Smith, Morowitz, *The origin and nature of life on Earth*, a.a.O., S. 142.

160 P. Cloud, »A working model of the primitive Earth«, *American Journal of Science*, Bd. 272, Nr. 6 (1. Juni 1972), S. 537-548, doi: 10.2475/ajs.272.6.537. H. D. Holland, »Early Proterozoic atmospheric change«, in: Stefan Bengtson (Hg.), *Early Life on Earth*, New York NY 1994, S. 237-244.

161 Magdalena N. Georgieva, u. a., »The history of life at hydrothermal vents«, *Earth-Science Reviews*, Bd. 217 (Juni 2021), 103602, doi: 10.1016/j.earscirev.2021.103602. María Colín-García, u. a., »Hydrothermal vents and prebiotic chemistry: a review«, *Boletín de la Sociedad Geológica Mexicana*, Bd. 68, Nr. 3 (2016), S. 599-620, doi: 10.18268/BSGM2016v68n3a13.

162 Maurice Halbwachs, *Das kollektive Gedächtnis,* Frankfurt am Main 1991, S. 70.

163 Ebd., S.78.

164 Ebd., S.79.

165 Max Roser, »Mortality in the past: every second child died«, *Our World in Data*, 11. April 2023, ourworldindata.org/child-mortality-in-the-past.

166 Martin Kohli, »Die Institutionalisierung des Lebenslaufs«, in: Jürgen Friedrichs, Karl Ulrich Mayer, Wolfgang Schluchter (Hg.), *Soziologische Theorie und Empirie*, Opladen 1997, S. 284-312, 288f. Vgl. José Manuel Aburto, u. a., »Dynamics of life expectancy and life span equality«, *Proceedings of the National Academy of Sciences*, Bd. 117, Nr. 10 (10. März 2020), S. 5250-5259, doi: 10.1073/pnas.1915884117.

167 Amanda Ruggeri, »Do we really live longer than our ancestors?«, *BBC*, 3. Oktober 2018, www.bbc.com/future/article/20181002-how-long-did-ancient-people-live-life-span-versus-longevity.

168 Adrian Raftery, Michael Pearce, »The maximum human life span will likely increase this century, but not by more than a decade«, *The Conversation*, 10. August 2021, theconversation.com/the-maximum-human-life-span-will-likely-increase-this-century-but-not-by-more-than-a-decade-164542.

169 Steven Johnson, *Extra life: a short history of living longer*, New York NY 2021, xxii.

170 Prachi Patkee, Adam Strange, *The future of life expectancy*, Swiss Re Institute, 22. Mai 2023, www.swissre.com/institute/research/topics-and-risk-dialogues/health-and-longevity/future-life-expectancy-long-term-mortality-improvement-insurance.html.

171 Kohli, »Die Institutionalisierung des Lebenslaufs«, a.a.O., S. 288f.

172 Marina Romanello, u. a., »The 2022 report of the *Lancet* Countdown on health and climate change: health at the mercy of fossil fuels«,

The Lancet, Bd. 400, Nr. 10363 (November 2022), S. 1619-1654, doi: 10.1016/S0140-6736(22)01540-9.

173 Riya Kewalani, Insiya Sajjad Hussain Saifudeen, »Exploring human longevity: the impact of climate on life expectancy«, *International Journal of High School Research* 3, Nr. 3 (30. Juni 2021), S. 28-34, doi: 10.36838/v3i3.7. Siqi Ai, u. a., »Years of life lost and life expectancy attributable to ambient temperature: a time series study in 93 Chinese cities«, *Environmental Research Letters*, Bd. 16, Nr. 6 (1. Juni 2021), 064015, doi: 10.1088/1748-9326/abfb2d.

174 Mathew E. Hauer, Alexis R. Santos-Lozada, »Inaction on climate change projected to reduce European life expectancy«, *Population Research and Policy Review*, Bd. 40, Nr. 3 (Juni 2021), S. 629-638, doi: 10.1007/s11113-020-09584-w.

175 Nick Bostrom, *Anthropic bias: observation selection effects in science and philosophy*, New York NY 2010.

176 Kohli, »Die Institutionalisierung des Lebenslaufs«, a.a.O., S. 295.

177 Spinozas Originalformulierung lautet »deus sive natura«, vgl. Spinoza, *Ethik*, a.a.O., S. 389.

178 Martin Hägglund, *This life: secular faith and spiritual freedom*, New York NY 2019.

179 Jeremy Sherman, *Neither ghost nor machine: the emergence and nature of selves*, New York NY 2017, S. 264.

180 Natürlich fragt sich, ob sich die diagnostizierte Exponentialität immer fortsetzt (unwahrscheinlich), ob sie (wahrscheinlicher) sich periodisch fortsetzt (in einer Kaskade von S-Graphen), oder ob sich das 21. Jahrhundert als ›letztes S‹ erwiesen haben wird, als letzte Exponentialperiode (unwahrscheinlich.)

181 Gilles Deleuze, *Spinoza. Praktische Philosophie*, Berlin 1988, S. 27.

182 Chakrabarty, *Das Klima der Geschichte*, a.a.O., S. 351.

183 Tobias Rees, »Planetary politics from inside the prison-house of language«, *Noema*, 15. Juni 2021, www.noemamag.com/planetary-politics-from-inside-the-prison-house-of-language, o. S.

184 Jürgen Renn, *Die Evolution des Wissens. Eine Neubestimmung der Wissenschaft für das Anthropozän*, Berlin 2022, S. 95 und 797.

185 Sheila Jasanoff, *States of Knowledge. The Co-Production of Science*

and the Social Order, London 2004, S. 2-3. Zitiert nach: Renn, *Die Evolution des Wissens*, a.a.O., S. 303; zur Koevolution sozialer und mentaler Strukturen vgl. ebd., S. 84.

186 Sherman, *Neither Ghost nor Machine*, a.a.O., S. 5.

187 David Cahan hat die dominante Erzählung von der notwendigen Verabschiedung von Naturphilosophie als Voraussetzung für die wissenschaftliche Revolution der Neuzeit beschrieben als »serious misunderstandings of the history of science. The virtual opposite of these claims is the more accurate description. The Scientific Revolution occurred because, after coexisting independently for many centuries, the exact sciences of optics, mechanics, and especially astronomy merged with natural philosophy in the seventeenth century«. David Cahan, »Looking at Nineteenth-Century Science: An Introduction«, in: ders. (Hg.), *From natural philosophy to the sciences writing the history of nineteenth-century science*, Chicago 2003, S. 4-15.

188 Für uns weniger von Belang sind akademische Ansätze zu kosmologischen Moraltheorien.

189 Azarian, *The Romance of Reality*, a.a.O., S. 192.

190 Ebd., S. 194.

191 Eine Übersicht der Diskussion findet sich bei Sherman, *Neither Ghost nor Machine*, a.a.O., S. 54f.

192 Vgl. dazu Cahan, »Looking at Nineteenth-Century Science«, a.a.O.

193 Francis Bacon, *Neues Organon*, Teilband 1, Hamburg 1999, S. 211.

194 Vgl. Martin J. Rudwick, *Bursting the limits of time: the reconstruction of geohistory in the age of revolution*, Chicago 2005, S. 9: »The making of a new science of ›geology‹ in the decades around 1800 was just one aspect of what Thomas Kuhn, perceptive as ever, referred to as the second ›Scientific Revolution‹. It is significant that the words ›geology‹ and ›biology‹ were both coined at this time, and even the much older words ›physics‹ and ›chemistry‹ underwent intense metamorphism, as it were, in their ranges of meaning. All these basic sciences of nature were shaped or reshaped into recognizably modern forms, reconstituted from mature preexisting branches of ›natural history‹ and ›natural philosophy‹«.